U0918564

全球价值链分工对国际贸易摩擦的影响研究

宋春子　李　丹　著

中国财经出版传媒集团
中国财政经济出版社

图书在版编目（CIP）数据

全球价值链分工对国际贸易摩擦的影响研究 / 宋春子，李丹著. -- 北京：中国财政经济出版社，2020.12

ISBN 978-7-5095-9883-2

Ⅰ.①全… Ⅱ.①宋… ②李… Ⅲ.①国际贸易—国际争端—研究 Ⅳ.①F744

中国版本图书馆 CIP 数据核字（2020）第 125919 号

责任编辑：彭　波　　　　责任印制：史大鹏
封面设计：卜建辰　　　　责任校对：胡永立

中国财政经济出版社 出版

URL：http：//www.cfeph.cn

E-mail：cfeph@cfeph.cn

社址：北京市海淀区阜成路甲 28 号　邮政编码：100142

营销中心电话：010-88191522

天猫网店：中国财政经济出版社旗舰店

网址：https：//zgczjjcbs.tmall.com

北京财经印刷厂印刷　各地新华书店经销

成品尺寸：170mm×240mm　16 开　11.5 印张　150 000 字

2020 年 12 月第 1 版　2020 年 12 月北京第 1 次印刷

定价：68.00 元

ISBN 978-7-5095-9883-2

（图书出现印装问题，本社负责调换，电话：010-88190548）

本社质量投诉电话：010-88190744

打击盗版举报热线：010-88191661　QQ：2242791300

辽宁省教育厅科学研究经费项目批准号：LJ2020QNW002

前　言

改革开放以来，我国通过大力发展加工贸易快速融入全球价值链分工当中，特别是加入了世界贸易组织以后，我国抓住了国际产业转移的历史机遇，积极参与经济全球化进程，推动了外向型产业的快速发展，实现了对外贸易的高速增长。据国家统计局统计，2019 年我国货物进出口总额 315505 亿元，比上年增长 3.4%。其中，出口 172342 亿元，增长 5.0%；进口 143162 亿元，增长 1.6%。货物进出口顺差 29180 亿元，比上年增加 5932 亿元。在我国对外贸易快速增长的同时，“中国制造”的国际市场份额也在不断攀升，产业链升级步伐逐步加快，主要贸易伙伴为了削弱我国在全球价值链分工当中的影响力和升级步伐，对我国高频率地发起反倾销、反补贴、保障措施等贸易保护措施。日益增加的国际贸易摩擦已经成为我国发展对外关系和实施开放战略的重大障碍，制约着我国国际产业分工地位的提升和开放型经济的优化升级。因而，如何在全球价值链分工框架下加快国内产业的优化升级，并最终实现对全球价值链中高端环节的控制，从而改善我国国际分工的劣势地位并从源头上摆脱国际贸易摩擦困扰的研究具有重要的理论意义和现实意义。

本书即是在这样的背景下撰写，内容是在我的博士论文的基础之上修改而成。本书共分为6章，主要研究如下问题：

第1章是绪论，主要是研究的选题背景、理论意义和实践意义、国内外文献综述、研究主要内容与框架、研究方法、创新与不足之处。

第2章是对全球价值链分工的理论分析。首先，介绍了全球价值链分工代表性理论，如价值链理论、新价值链理论、虚拟价值链理论、价值网络理论、全球价值链理论，以及全球价值链的治理模式，如市场型治理模式、模块型治理模式、关系型治理模式、俘获型治理模式、层级制治理模式。其次，介绍了博弈论，包括博弈论的演化、基本概念和类型。

第3章介绍了全球价值链分工的演化及引发国际贸易摩擦的产生机制。首先，阐述了全球价值链分工的内涵、演化以及全球价值链分工产生的动因：经济全球化是其产生的条件；国际产业转移是其发展的路径；国际直接投资是其扩展的依托；信息技术革命是其产生的动力；世界各国经济体制的趋同是其产生的制度基础；各国贸易和投资政策的自由化取向是其发展的制度保障；多边贸易体制的建立和健全是其运行的规则。其次，介绍了全球价值链分工的特征：空间布局上有在全球加速延展的态势；领导者与被领导者的角色分明；比较优势仍是分工的基础；贸易结构有不断高级化的发展趋势；利益分配具有复杂性。再次，研究了全球价值链分工发展与国际贸易摩擦的产生机制：全球价值链分工对国际分工产生了重大影响；改变了主导分工的主体、改变了国家间经济联系的形式、改变了国家间经济联系的性质、改变了利益分配机制、改变了国际竞争的焦点。最后，分析了全球价值链分工的利益分配的矛盾与冲突：全球价值链分工下的利益增进，即发达国家是全球价值链分工的主导者，占据着分工所创造的绝大部分收益；发展中国家获取的利益：出口能力的提升、产业结构升级、诱发性和强制性制度变迁效应等；全球价值链分工的利益减损，即发达国家对全球价值链分工控制力下滑，国际收支失衡，产业空心化，失业率提高等；发展中国家面临着价值链“低端锁定效应”“飞地效应”“沙滩经济”以及虚假繁荣下的“贫困化增长”和国家经济安全受到威胁等；全球价值链分工下的冲突，即各国在分工中地位的差异性、动态性和利益获取的非均衡性必然导致控制与反控制的较量，导致全球经济失衡；而各国在国际分工中的地位、利益分配结构的重构等必然引发贸易摩擦的蔓延与升级。

第4章介绍了全球价值链分工对国际贸易摩擦的影响。首先，分析了全球价值链分工对国际贸易摩擦的广度的影响：对国际贸易摩擦主体扩展的影响；对国际贸易摩擦对象扩张的影响；对国际贸易摩擦中心国家位移的影响。其次，分析了全球价值链分工对国际贸易摩擦的深度的影响：对国际贸易摩擦手段升级的影响；对国际贸易摩擦对象错位的影响；对国际贸易摩擦手段重心变化的影响；使国际贸易摩擦快速发展为复合性摩擦；对国际贸易摩擦影响力扩大的影响。

第5章研究全球价值链分工对中外贸易摩擦影响的实证分析。首先，分析了中国在全球价值链分工中所处的地位、窘境及其危害：我国正处在由全球价值链分工的低端环节向研发设计和品牌服务高端环节逐渐升级的中间过渡阶段；我国正面临着发达国家的围堵和发展中国家特别是新兴经济体的追赶与竞争而引发更激烈的贸易摩擦的多重压力。中国在全球价值链分工中所处的地位使中国经济陷入六种“高度依赖”的窘境，而这六种“高度依赖”严重威胁着中国的国家经济安全。其次，阐述了全球价值链分工对中外贸易摩擦的影响。全球价值链分工对中外贸易摩擦的广度的影响：发达国家是中外贸易摩擦的主要发起者；中国与发展中国家之间的贸易摩擦快速上升；中外贸易摩擦的领域迅速扩展。全球价值链分工对中外贸易摩擦的深度的影响：中外贸易摩擦的手段不断升级；中外贸易摩擦的焦点向整个产业扩散；中国成为知识产权摩擦的最大受害者；中外贸易摩擦对中国经贸的影响越来越大。最后，进行了全球价值链分工对中外贸易摩擦影响的实证分析：本书利用泊松回归模型对两者之间的关系进行计量分析，结果表明：中国在全球价值链分工中的地位与中国遭受到的贸易摩擦的广度、深度呈正相关。

第6章根据上述各章的分析，提出了中国调整参与全球价值链分工并化解贸易摩擦的战略及策略。

这本书籍的完成，离不开我的博士生导师辽宁大学王厚双教授的指导，整个博士毕业论文从选题到定稿都得到了王老师的悉心指导，因而对王老师表示深深的感谢。此外，辽宁工程技术大学工商管理学院纪成君院长和贾凯威副院长对本书的出版提供了大力的支持和帮助，因而对两位领导表示诚挚的谢意。在写作的过程中，我参考了大量相关著作、论文和政府官方网站，引用了很多统计资料和研究报告，正是由于这些材料积累才使本书顺利完成。因此，谨对这些资料的作者们和编者们致以衷心的感谢。我还要对在本书编写过程中付出了大量辛勤劳动的审稿专家和编辑们表示感谢。没有他们的大力支持，就不会有本书的问世。

同时，要将此书献给我的家人。虽朴实无华但却永远是我坚强后盾的父母教会我认真读书、正直做人的道理，姐姐和弟弟伴我成长至今，不但能够和我一起分享快乐而且为我排忧解难，志同道合的爱人为我创造幸福且无后顾之忧的美满生活，聪明可爱的儿子成为我生活中新的期望和动力，正是因为他们，我才能够拥有曾向往的生活，也正是因为他们，这本书才得以完成。本书也是用来激励我的爱子商显昊和外甥李启源，希望他们能够努力学习，日后成为国家之栋梁。

我在写作的过程中，力求理论严谨、内容新颖、重点突出、案例鲜明，但水平有限，书中难免存在疏漏和错误之处，恳请读者批评指正。

宋春子

2020 年 5 月

目　　录

第1章 绪 论

1.1 选题背景与研究意义

1.1.1 选题背景

(1) 国际背景。

自20世纪60年代以来，随着世界市场经济体制不断完善，贸易壁垒逐渐减少、投资限制不断下降，生产和资本的国际化趋势日益明显，科学技术不断进步，工业产品的价值链在全球的分布愈加广泛，致使国际贸易和生产出现了新的格局。发达国家的企业为了提高核心竞争力，把研发设计、品牌服务、营销等附加值较高的生产环节留在国内，而把一些附加值较低的劳动密集型等加工组装生产环节转移给劳动力资源丰富的发展中国家，导致国际分工模式由产业间分工、产业内分工逐渐转化为同一件产品某个生产环节或者某道工序的专业化分工，本书将这种新型国际分工模式称为全球价值链分工。全球价值链分工是占据主导位置的生产商为了达到资源优化配置的目的，把产品价值链的生产环节分布在全世界范围内的最优越的区位来完成，诸多具有廉价劳动力要素的发展中国家通过承接外包、本土企业做代工、外企投资设厂以及跨国公司的全球采购等方式，完成了产品价值链环节当中的劳动密集型生产环节的专业化生产，从而传统的以产品作为界限的国际分工模式演化为同一件产品内某个环节或者某道工序的新型分工模式。

与传统的以产品为界限的国际分工模式相比较，全球价值链分工这种新型国际分工模式具有很多新特点：第一，从国际分工的形式这一角度来看，全球价值链分工从相同产业不同产品间的分工或不同产业间的分工转化为同一产品内不同工序或不同增值环节的分工，是传统分工模式的升级。同一件产品的各个价值链生产环节在附加值、要素密集度和技术含量等方面的差异性，导致全球价值链分工在横向上产生不同的工种，在纵向上也分离出不同的层次，因而全球价值链分工具有多维度、不平衡的发展势头。第二，从国际分工的主体这一角度来看，全球价值链分工弱化了传统分工的国家界限，其分工主体由国家延伸到企业，跨国公司逐渐成为国际分工的主体。第三，从国际分工的基础这一角度来看，全球价值链分工打破了利用资源的国家界限，整合了各国的比较优势，使各国企业的竞争优势从传统的本国比较优势升级为世界比较优势。

随着国际贸易格局和国际分工的不断变化，全球各国的贸易利益分配问题也逐渐变得错综复杂。通过全球价值链分工，发达国家把一些高耗能和高污染的价值链环节转移到发展中国家，发展中国家可以从中获取资本、先进的技术和人力资源等，能够从事许多资本密集型和技术密集型最终产品的国际分工，推动自身产业的成长和升级，并获取就业增长和技术外溢等方面的利益增进，然而，发展中国家从中获取经济发展等贸易利益的同时，还会遭遇到利益减损，如外资会“挤出”本国产业，导致发展中国家更加依赖外资和国外先进的技术，形成“技术依赖”，陷入价值链“低端分工陷阱”，使参与全球价值链分工的发展中国家仍处于国际分工中的被动地位，全球贸易利益的分配仍具有不公平性。

尽管全球价值链导致不公平的贸易利益分配，发展中国家仍在如火如荼地发展加工贸易、吸引外资，不断扩大自身参与全球价值链分工的程度，实现产业升级，扩大国际市场份额，而发达国家为了能够掌控全球价值链分工，针对发展中国家的货物贸易和服务贸易经常实施一些贸易保护措施，以减弱发展中国家在全球价值链分工中的地位，导致国际贸易摩擦事件频发，并不断向广度和深度扩展。

（2）国内背景。

中国作为世界上贸易体系中最大的发展中国家，自 20 世纪 80 年代以来，中国政府实施了各项优惠政策吸引外资，令中国通过加工贸易和外包等合作形式提升了参与国际分工的层次，快速融合到全球价值链分工这种新型国际分工模式当中。据国家统计局统计，中国的加工贸易总量从 1980 年的 16.7 亿美元增加到 2012 年的 13440 亿美元，增加了 804.79 倍，年均增幅达 71.34%。20 世纪 90 年代以后，中国在全球价值链分工中的影响日益突出，许多工业产品的出口量已达到世界首位，无论是在美国、欧盟等发达国家和地区，还是在亚洲、非洲和拉丁美洲等发展中国家，我们都可以看到“中国制造（made in China)”的标志，由此可见，中国产品已经遍布全球。据国家统计局统计，2013 年我国外贸进出口总额为 41600 亿美元，比上年增长 7.6%；其中，出口额为 22096 亿美元，增长 7.9%；进口额为 19504 亿美元，增长 7.3%；贸易顺差达到 2592 亿美元，比上年增加 289 亿美元。中国在全球价值链分工中的地位正在不断提升，中国出口的信息技术产品、通讯产品和电子产品等高技术产品的数量不断增加，并连续多年成为接受外国直接投资最大的发展中国家。2001 年日本首次提出中国已成为“世界工厂”，彰显了中国在全球价值链分工中的重要地位。

中国的对外贸易飞速增长和在全球价值链分工中影响力增加的同时，“中国制造”的国际市场份额不断攀升，产业升级的步伐不断加快，主要贸易伙伴特别是发达国家高频率地针对我国的货物贸易实施“两反一保”等贸易保护措施，试图削弱“中国制造”在全球价值链中的升级步伐和影响力，以更好地控制全球价值链的加工环节，维护其对全球价值链的主导权。目前，我国面临的国际贸易摩擦主要是货物贸易并有向服务贸易扩展的趋势，而我国出口的产品主要是以代工（OEM）为主并集中于全球价值链的加工组装等低端环节，而发达国家控制研发、设计、渠道和品牌等高增值环节，因此，我国在全球价值链分工的贸易分配中仅能获取微薄的加工费收入，更为不合理的是，即使我国仅获取极少的贸易利益，却仍然成为国际贸易摩擦的众矢之的，且贸易摩擦的广度和深度呈现不断加深的趋势。

频繁发生的国际贸易摩擦阻碍着我国发展对外关系和实施开发战略，制约我国的国际产业分工地位的提升和开放型经济的优化升级。在这种复杂的国际分工格局之中，如何准确定位全球价值链中发达国家和发展中国家的贸易利益？全球价值链分工对国际贸易摩擦的影响程度和未来趋势又如何？中国如何在全球价值链分工框架下快速实现本国产业的优化升级，并最终实现对全球价值链高端环节的控制，以改善我国国际产业分工处于低端环节的劣势并从源头上摆脱国际贸易摩擦的困扰？这些都是中国面临的重要难题，也是当前国内外学者积极关注和探讨的难题。

1.1.2 理论意义

众所周知，国际贸易源于国际分工，而贸易摩擦是国际分工引发的利益分配冲突的表现，因此，要对上述新现象进行科学的解析，必须从源头去进行全面、深入的研究。

国际分工已经经历了产业间分工、产业内分工和当前的全球价值链分工三个阶段。全球价值链分工使国际分工发生了五个革命性的改变：一是改变了主导分工的主体——国家主导国际分工的色彩在淡化而跨国公司主导的色彩在加强，生产什么、生产多少、如何生产都要听从跨国公司的“指令”。二是改变了国家间经济联系的形式——由原来的“贸易”关联转变为“生产”关联；由“贸易的全球化”转变为“生产的全球化”。三是改变了国家间经济联系的性质——昔日发达国家与发展中国家之间的“中心”和“外围”的依赖关系，变成了“发包”与“承包”、“创造”与“制造”、“高端”与“低端”、“控制”与“被控制”、“老板”与“打工者”的关系。四是改变了利益分配机制——利益分配的多寡取决于一国在分工中地位的高低而不是国际贸易量的多少。五是改变了国际竞争的焦点——各国致力于对分工主导权的维护与争夺。上述五个变化引发出三个主体之间的六个矛盾：发达国家之间的矛盾；发达国家与发展中国家之间的矛盾；发达国家与新兴经济体之间的矛盾；发展中国家之间的矛盾；发展中国家与新兴经济体之间的矛盾；新兴经济体之间的矛盾。其中，发达国家与新兴经济体之间的矛盾是其中的主要矛盾。这五个变化、六个矛盾的运动必然会引起三个主体之间与贸易有关的一系列矛盾与冲突，如贸易不平衡问题、汇率问题、投资准入问题、劳工标准问题、环境问题、竞争政策问题等方方面面的摩擦。这些摩擦将会对国际贸易摩擦的广度与深度产生重大影响，因此，对此进行系统、深入、创新的研究具有重大的理论意义，也将有利于丰富对全球价值链分工理论与实践的研究。

1.1.3 实践意义

经过 40 年的改革开放，中国的开放型经济已取得了举世瞩目的成就，同时，其转型升级也迫在眉睫。而中国开放型经济转型升级的实质就在于实现初级、中级、高级三级战略目标。初级战略目标是中国能够快速摆脱目前在全球价值链分工中的被动地位；中级战略目标是中国能够适应全球价值链分工新的发展要求；高级战略目标是中国能够构建在全球价值链分工中的主导地位。在实现这三级战略目标的过程中，作为新兴经济体重要一员的中国既面临着发达国家的打压，又面临着发展中国家的追赶，更面临着其他新兴经济体的“前后夹击”“围追堵截”“激烈竞争”的“三重压力”，这将既影响中国在全球价值链分工中的地位提升的速度，也会对中外贸易摩擦的广度和深度产生重大的影响。对于上述问题深入而创新的研究既有助于对我国开放型经济转型升级进行科学的顶层设计，更有助于我国有效地应对中外贸易摩擦的新挑战，因此，本书的研究有着非常重要的实践意义。

1.2 国内外相关研究文献评述

1.2.1 全球价值链分工理论的研究综述

1.2.1.1 全球价值链分工的界定

全球价值链分工是指多个国家或地区分工连续生产一种产品，在生产过程中伴有进口中间产品和出口最终产品的国际分工形式，是知识经济和经济全球化条件下所产生的新型国际分工模式。有关全球价值链分工的具体概念，国内外专家学者依据自身的学术背景和研究特点对其进行不同的界定，至今尚未形成统一的表述。

对于全球价值链分工这种新型国际分工形式，不同的学者进行了不同的表述，主要包括："生产分离"（Johns and Kierzkowski，1990；Deardorff，1998）、"全球价值链"（Gereffi，1994）、"价值链分解"（Krugman，1995）、"产品内分工"（Arndt，1997，1998）、"片段化"（Jones and Keirzkowask，1997；Arndt and Keirzkowask，2001）、"垂直专业化"（Yeats，1998；Hummels，Rapoport and Yi，2001；Irwin，2002）、"外部筹供或外包"（Feenstra，1998；Rangan and Lawrence，1999；Hanson，Raymind and Slaughter，2001）、"国际化生产分担"（Ng and Yeast，2001；Yeast，2001）、"中间品贸易"（Antweiler and Trefler，2002）、"国际化生产网络"（Vanables，2004）、"垂直专业化"（刘志彪，2001；盛文军，2002）、"要素分工"（张二震，2004）、"产品内分工"（卢峰，2004；田文，2006）、"工序分工"（曾铮，2009）等。只是近几年，学术界才逐渐接受全球价值链分工这一名称。尽管各位学者对全球价值链分工的称谓上有所不同，但各种称谓的实质都是指同一产品的生产环节在纵向上的分布。

1.2.1.2 国外全球价值链分工理论的演变过程

(1) 全球价值链分工理论的渊源。

全球价值链分工作为一个全新的概念，其根源可追溯到20世纪60年代。当时，发展中国家的制成品出口数量增长速度大幅度上涨，这种国际贸易新现象对传统的国际贸易和分工理论提出了挑战。万纳克（Vanek，1963）[1]、梅尔文（Melvin，1981）[2]以及沃那（Warne，1973）[3]在所有工业制成品成为其他行业投入品的前提下，利用两阶段生产模式来分析产业间商品流动的具体关系，并建立了产品内分工模式的雏形。巴拉萨（Balassa，1965）[4]、科登（Corden，1966）、琼斯（Jones，1971）、巴格瓦地和施瑞尼瓦桑（Bhagwati and Srinivasan，1973）[5]在分析中间产品的贸易效果和贸易模式时，都使用了垂直两阶段生产模型。还有赫莱尼尔（Helleiner，1973）、芬格（Finger，1975）等一些学者以“海外组装运作”和“纵向一体化国际制造业的劳动密集型环节转移”的产品内国际分工早期形式为出发点，对产品内国际分工进行了开拓性研究工作。[6]到了20世纪80年代，国际经济领域开始出现海外外包、全球外包和转包等产品内分工的不同形态，加强了国际经济学和产业经济学等领域对产品内国际分工的研究和关注。桑雅尔和琼斯（Sanya and Jones，1980）使用二阶段生产模型研究国际贸易理论问题；亨利希、克雷耶和福禄贝尔（Heirichs，Kreye and Frobel，1980）提出新国际分工理论；格罗斯曼（Grossman，1981）对在分散化生产条件下研究了有效贸易保护问题，但是其实证模型把生产仅划分为两个阶段，与现实中的多阶段生产相距甚远。对此，狄克西特和格罗斯曼（Dixit and Grossman，1982）构建了生产区段模型这种多阶段生产模型，认为关税等政策变量的变化会影响产品内国际分工。[7]

上述产品内分工模型当中，多阶段生产的产品可能是最终产品，也可能是中间产品，还可能是生产两者。这使上述模型更接近现实，然而其实质是把多阶段模型和比较优势标准化模型进行了改造，并没有摆脱传统贸易理论的范式束缚。

（2）全球价值链分工理论的产生。

到了20世纪90年代，涌现出大量关于产品内国际分工的研究。巴格瓦蒂和德赫加（Bhagwati and Dehejia，1994）使用“万花筒式比较优势”来界定全球价值链分工，研究北方国家把产品的低区段放在南方国家以后会如何影响北方国家的非技术工人与技术工人的工资率[8]；克鲁格曼（Krugman，1995）重新研究了全球化产品内分工体系后认为中间产品贸易的迅速扩张促进了全球贸易的增长[9]；芬切斯（Feenstra，1998）用“贸易一体化”和“生产非一体化”这两个概念来说明产品内分工盛行下的全球生产和现代国际贸易的特点，并进一步分析了20世纪70年代之后全球中间产品迅速扩张的原因、现实和世界各国贸易战略政策的调整以及生产全球化对非技术工人工资率和就业的影响。[10]里莫（Leamer，1996）使用“非本地化”来定义产品内分工，认为产品内分工会增加世界收入差距。[11]

这一阶段的产品内分工理论在研究中加入了纯贸易理论分析框架，取得了丰硕成果，但研究的脉络仍较为零散。到20世纪90年代末，产品内分工理论较为成熟，琼斯和科尔斯克维斯基（Jones and Kierzkowiski，1990）采用“零散化生产”来界定在生产过程中分离并扩散到不同空间区位的分工形态，认为比较优势和规模报酬递增会推动生产过程的分散化进程。[12]昂特（Arndt，2001）对转包和全球外包等产品内分工现象进行了研究，证明产品内分工可以改善本国福利并提高最终产品国际竞争力。[13]迪尔多夫（Deardorff，1998，2001）在李嘉图框架和H－O框架下分别研究了产品内分工理论，对产品内国际分工的动因问题进行了解释，构建了利用传统国际贸易理论研究的技术手法构建的模型。[14]科勒（Kohler，2001）在完全竞争的2×2模型的基础上分析了产品内分工对要素价格和国家福利的影响。昂特和科尔斯科维斯基在2001年编著了《零散化：世界经济中的新的生产模式》的论文，在这篇论文中，这两位学者总结了以上的研究成果，是全球价值链分工理论的重要里程碑。

这一阶段的全球价值链分工理论是以比较优势作为研究基础，探求价值链不同环节充裕度、要素密集度及其全球价值链之间的关系，其实质仍是传统贸易理论范式的延伸。

（3）全球价值链分工理论的发展。

从20世纪90年代末到21世纪初，一些学者提出了全球价值链分工理论的实证分析法。胡默尔、拉波波尔和柯穆依（Hummel，Rapoport and Kei Mu Yi，1998）利用投入产出法来衡量垂直分工即全球价值链分工的发展程度，认为在20世纪90年代“垂直分工贸易”推动了全球贸易的增长，并且随着交通的便利、科技的发展以及贸易壁垒不断减少，垂直分工贸易在21世纪将会是世界的重要贸易模式。[15]弋茨（Yeats，1999）研究了东亚地区“零件和部件贸易”的增长情况，该研究为全球价值链分工的经验研究发展提供了重要的度量方法。胡默尔、石井和柯穆依（Hummel，Ishii and Kei Mu Yi，2001）通过分析10个OECD国家的数据，得出垂直分工贸易的出口占这些国家总增长的21%的结论。[16]柯穆依（Kei Mu Yi，2003）使用现实世界贸易数据进行模拟，在李嘉图模型的基础之上加入了垂直专门化变量因素，其结果表明国际垂直专业化深化模型可以解释70%的世界贸易增长。[17]汉森和斯劳特（Hanson and Slaughter，2003）利用美国跨国公司和海外子公司层面的数据，通过实证检验认为跨国公司的垂直生产网络通过在发展中国家和发达国家之间进行垂直对外直接投资，并且要素价格差异对此具有重要的影响，其投资和贸易是相互促进的一种关系。[18]

这一阶段，全球价值链分工理论在实证分析方面取得了很大进展，其研究均以解释世界贸易量迅速扩张为出发点，通过加入制度变量的因素来解释贸易扩张的原因，并得出共同的结论，即世界贸易量激增的原因是世界范围内垂直专业化的迅猛发展及中间产品贸易的盛行。但是，上述研究仅把价值链分工作为一种研究工具，从整体上缺乏对全球价值链模型基本机理的经验验证，仍是传统贸易理论范式的延伸。

（4）全球价值链分工理论的完善。

到了21世纪以后，一些学者开始研究“外包”和“全球生产组织”现象，为全球价值链分工理论的不断完善打下了坚实的基础。格罗斯曼和海尔普曼（Grossman and Helpman，2005）在假设外包优于生产一体化的条件下分析外包区位选择，并且进一步讨论了封闭经济条件下生产一体化和外包的相对优势以及厂商在产业均衡条件下外包和FDI之间的选择。[19]2005年，格罗斯曼和海尔普曼（Grossman and Helpman，2005）又以相似模型探讨了厂商在跨国外包和国内外包这两种生产组织形式之间的选择。格罗斯曼和海尔普曼（Grossman and Helpman）在国际贸易理论的研究框架中纳入了新制度经济学中的组织和企业理论以及博弈论，解释了世界范围内产品内分工对世界贸易模式的真实原因和影响，建立了著名的G-H模型，推动了全球价值链分工理论的进一步发展。[20]根据G-H模型，梅内兹（Melitz，2003）[21]、安纯斯（Antras，2003）[22]、耶泊（Yeaple，2004）、海尔普曼（Helpman，2004）、泽德（Szeidl，2006）及格罗斯曼（Grossman，2006）等学者分别对不同企业选择不同生产组织形式的原因进行了研究，并得出了一个类似的结论，即企业选择不同生产组织形式的主要因素是技术分布和各厂商生产力水平的高低。

在这一阶段，G-H理论突破了传统贸易理论和新贸易理论的研究范式，把新制度经济学中的企业理论和制度分析巧妙地引入国际贸易理论当中，完善了产品内分工理论体系，为国际贸易理论打下了坚实的微观基础，并从企业行为为出发点来探讨贸易模式问题，具有重要的现实意义。

2004年，随着国际分工的不断深化及外包业务的不断扩展，西方发达国家表现出对“产业空洞化”的恐惧，进而引发了学者关于

"外包"对世界各国尤其是外包国的福利和就业影响的研究。萨缪尔森（Samuelson，2004）假设外部在最初的均衡状态是一种出口活动，提出发达国家的外包会减少发达国家的贸易利益、恶化就业情况。[23]而巴格瓦蒂、潘纳格瑞亚和施瑞尼瓦桑（Bhagwati，Pannagariya and Srinivasan，2004）把外包设为非贸易行为，认为发达国家的长期外包行为不会影响发达国家的整体福利。[24]

1.2.1.3 国内全球价值链分工理论的研究综述

（1）从国际分工深化发展的角度来探讨全球价值链分工及其运作机制的研究。

刘志彪（2001）用"国际外包化生产"或"垂直专业化"来阐述全球价值链分工，说明了垂直专业化的动因及垂直专业化趋势的发展效应。[25]吴敬琏（2002）认为目前经济全球化不断发展的一个重要体现就是跨国公司把同一产品的不同生产环节分配到世界各地。赵文丁（2003）提出当前的国际分工模式正在从垂直型分工转变为混合型分工，同时出现了产业间分工、产业内分工和产品内分工同时存在的局面；在这种新型国际分工模式下，传统的国际产业转移演化为产业链条、产品工序的分解以及全球化配置，与此同时，一个国家或区域在国际分工中地位的提高体现为在产业链条或产品工序的增值能力和所处地位的提高上。[26]卢峰（2004）在《产品内分工：一个分析框架》的报告中刻画了当代国际分工基本层面从产品深入工序的特点，研究了产品工序分工的决定因素和利益源泉，以及这种新型分工模式迅速发展的原因，构建了以产品内分工为核心的分析框架。[27]田文（2005）明确了产品内分工和产品内贸易的定义，并提出了产品内贸易的计量方法，指出产业内贸易、产品内贸易和公司内贸易都是交集的关系。[28]庄尚文（2005）利用交易成本理论，分析了电子商务和网络经济背景下企业从垂直一体化演化为垂直分离化分工，并分析了这种演化会对国际贸易产生哪些影响。[29]曹福明和李树民（2006）

从国家比较优势转化为世界比较优势的角度解析了全球价值链分工。[30]金芳（2006）突破以往从管理、贸易和投资的视角分析了传统的范式，使用了空间区位、所有权和交易机制的三维框架，研究了当前产品内分工的形成机制并获得了对这一当代新型国际分工样式的深入理解。[31]

（2）全球价值链分工对中国经济影响方面的研究。

卢峰（2004）分析了中国经济增长和产品内分工的关系，提出中国的改革开放推动了中国产品内分工的发展，中国加工贸易的飞速发展是中国产品内分工不断发展的重要标志。[32]平新乔（2005）认为在过去20多年的时间里，全球范围内的外包过程和垂直专业化是中国贸易总量占GDP比率不断上升的重要因素。[33]张小蒂和孙景蔚（2006）研究了垂直专业化分工会对中国产业国际竞争力变化造成哪些影响，研究结果表明该影响在不同的产业具有一定的差异，并分析了该“差异”的形成机制，认为中国产业垂直专业化分工从长期来看可以提高中国国际竞争力，并对此提出了许多实质性的政策建议。[34]

（3）在全球价值链分工中中国产业升级的对策。

王缉慈和童昕（2003）研究了全球商品链和地方产业群之间的关系，根据对东莞“商圈”现象考察，认为要充分发挥地方产业群的竞争优势，可以从三个方面实现政策的侧重点。[35]姜继娇和杨乃定（2004）从决策主体有限理性的视角出发，提出了行为金融范式下区域产业集群升级管理的六个要素，使用模块化思想建立了基于多智能体（Multi－agent）的区域产业集群升级管理模式，提出各个要素之间的优化机制，强调信息、组织、文化、战略和过程的有机结合。[36]刘曙光和杨华（2004）对世界经济体系和全球价值链做出了生动的比喻，认为世界经济体系就像“一串串珍珠”，而全球价值链分工就像一条条“金线”把这些“珍珠”串起来。[37]张向阳、朱有为（2005）采用因子分析和聚类分析方法对中国各省份大中型三资工业企业的技术创新能力进行了综合评价分析，并且进一步探讨了外商企业技术创新能力区域差异的主要原因和效应。[38]曾铮和张亚斌（2005）基于经济学和管理学价值链等相关理论使用了成本法在经济学的框架内来对价值链进行定义，研究了一个国家在要素结构、技术能力和分工迂回度变动后，其融入该国经济环境的价值链的变动状况，构建了全球价值链的攀升模型，并分析了一个国家在全球价值链的战略定位和升级。[39]胡军（2005）分析了全球价值链体系和 OEM 企业成长的动态演化，总结出在全球价值链外包体系当中 OEM 企业是如何成长升级的。[40]裴长洪（2004）从转变外贸增长方式的视角研究了我国从贸易大国成为贸易强国的重要性，提出中国应维持在全球价值链当中的低端生产环节和产品在国际市场上的竞争力，并逐步实现中国能够占据全球价值链的中高端生产环节，从而进一步提高我国产品的国际竞争力。[41]另外，还有一些国内学者从具体产业的视角出发研究有关在全球价值链当中的升级问题。例如，文婷、曾刚（2004）对建筑陶瓷产业的实例进行研究，分析了西班牙和意大利的建筑陶瓷产业集群是怎样融入全球价值链实现产业集聚的发展和升级，以及控制全球产业的动态变化；认为在全球价值链的框架下，国际建筑陶瓷集群和中国本土建筑陶瓷集群之间是相互影响的，并且会对中国建筑陶瓷地方产业集群产生、发展、升级区域经济带来的巨大的影响，同时还提出了在全球价值链框架下国内集群所面临的挑战以及促进中国产业集群升级的路径。[42]张辉（2005）认为价值等级体系的形成一般有跳跃式和蔓延式两种空间布局模式，并从理论和实证两个方面对全球价值链下的地方产业集群的升级模式进行研究。[43]段文娟、聂鸣和张雄（2006）通过对巴西西诺斯谷鞋业集群的例子所进行的研究，认为在全球价值链的分工模式下，发展中国家集群中的生产商可以利用提高议价实力的手段来顺利实现该国产业集群的升级。[44]

上述研究从很好的角度来研究提升中国产业国际竞争力的路径，更为本书的研究奠定了良好的基础，但这些研究只是初步性的，尚未形成系统性理论，还有很大的研究空间。

1.2.2 全球价值链分工的利益来源与分配研究

（1）全球价值链分工的利益来源研究。

乔内斯和基尔兹科夫斯基（Jonesand and Kierzkowski）用“零散化生产”（fragmented production）来刻画全球价值链分工，认为是规模报酬递增和比较优势因素促进了生产过程的“零散化生产”。卢峰（2004）用比较优势和规模经济分析了全球“产品内分工”所产生的利益，认为全球“产品内分工”利益的基础就是比较优势和规模经济。[45]张二震和方勇（2004）认为国际贸易和国际投资实际上是同一个行为主体的不同选择，“要素分工”的利益既有国际直接投资利益，也有国际贸易利益，且存在着利益扩大的效应。[46]曹明福和李叔民（2005）认为分工后的比较优势和规模优势属于“分工利益”，除了比较优势和规模经济是全球价值链分工的利益来源以外，主导价值链分工的发达国家还获得了价值链交换上的价格倾斜优势，而价格倾斜优势则属于“贸易利益”，发达国家能够从分工中获取“分工利益”和“贸易利益”。[47]

（2）全球价值链分工的利益分配研究。

昂特（Arndt，1997）指出全球价值链分工不但可以提高具有丰富资本和先进科技的发达国家的产品竞争力，还可以提高该国的整体福利。[48]如果资本丰富的发达国家对劳动密集型产品进行全球价值链分工，让劳动力资源丰富的发展中国家承接附加值较低的劳动密集型的生产环节，对于参与全球价值链分工的发达国家和发展中国家都会增加工资和就业，获取更多的利益，如果资本丰富的发达国家对资本密集型的出口产品进行全球价值链分工，就会导致发达国家的工资会下降。[49]迪尔多夫（Deardorff，1998）在假定要素同质的前提下研究了全球价值链分工对要素价格和国家福利的影响，并指出如果生产过程分离会改变商品的价格，那么一个国家会因为贸易条件不利于本国而使本国福利下降，如果生产过程分离不会改变商品价格，那么两国的产出价值都会增加。[50]卡普林斯基（Kaplinsky，2001）指出领导公司通常凭借设计、研发、品牌和营销等无形的竞争力来对价值链进行治理，这些环节的利润丰厚并且进入壁垒较高，而发展中国家只能进入竞争激烈、利润低、进入壁垒较低的价值链生产环节，因而使发达国家和发展中国家在全球价值链分工中的利益分配很不平等。[51]张二震等（2004）提出要素分工在提高国际间贸易分工利益的总量的同时，也使国际间的利益分配更加复杂，国际贸易的利益分配主要取决于参与国际分工要素的数量和质量，由于发展中国家通常是以劳动力和土地等初级要素参与国际分工，因而发展中国家在国际贸易利益分配中处于不利地位，而发达国家大多数是以资本、技术和知识参与国际分工，因而发达国家能够在国际贸易利益分配中处于主导地位。[52]

格里菲（Gereffi，1999）对世界纺织服务业进行了研究并从组织和社会的角度对全球价值链进行了分析，认为发展中国家的纺织企业在全球价值链分工当中的模式是：工艺升级→产品升级→功能升级→链的升级，把产业升级和全球价值链结合起来。[53]卡普林斯基（Kaplinsky，2000）提出全球价值链提升的路径为OEA→OEM→ODM→OBM。[54]然而，汉弗莱和施米茨（Humphrey and Schmitz，2000）认为上述的序贯升级模式不但不能够自动实现，反而会阻碍发展中国家企业的价值链升级。[55]曾铮和张亚斌（2005）从分工细化、技术进步和要素结构变化的视角对价值链的攀升做了动态分析，认为中国应该以比较优势为基础来融入全球价值链，将内生经济变量作为方向来实现价值链的优势重组和主动攀升。[56]刘志彪和张杰（2007）认为由于发达国家的跨国公司具有的技术势力和国际大购买商所拥有的市场势力产生了俘获型网络，从而研究了在全球价值链背景下发展中国家培育国内市场空间的国内价值链以及摆脱被俘获关系的方式。[57]

1.2.3 全球价值链分工与国际贸易摩擦关系的理论研究综述

迈克尔·波特（Michael E. Porter，1985）认为，并不是所有的价值链环节都能创造等量价值，而只有某些价值链环节能够创造更高的附加值，保持产业竞争优势的关键是掌握产业价值链上的战略环节。[58]格罗斯曼（Grossman，1981）对在分散化生产条件下的有效贸易保护问题进行了研究。卡普林斯基（Kaplinsky，2001）提出，领导公司通常凭借设计、研发、品牌和营销等无形的竞争力来对价值链进行治理，这些环节的利润丰厚并且进入壁垒较高，而发展中国家只能进入竞争激烈、进入壁垒低、利润低的价值链环节，会使发达国家和发展中国家在全球价值链分工中的利益分配很不平等而引发贸易冲突。[59]萨缪尔森（Samuelson，2004）认为，发达国家的外包行为恶化了发达国家的就业，减少发达国家的贸易利益，从而引起国际贸易保护主义增多。[60]赵放和冯晓玲（2006）[61]、蒲华林和张捷（2007）[62]、蓝庆新（2007）[63]、张二震和马野青（2010）[64]认为，国际产业转移、价值链分工与贸易的发展是我国出现贸易顺差、产生贸易摩擦的根本原因。查德·P. 鲍恩和雷切尔·麦克卡洛克（Chad P. Bown and Rachel McCulloch，2005）认为，中国和日本积极参与全球价值链分工，使美国对中国和日本的贸易逆差快速增多，导致美国与中国和日本的贸易摩擦日益频繁。[65]吴韧强和刘海云（2009）认为，产品竞争力的增强将单方面地提升贸易战规模，产品差异化的扩大将带动贸易战的全面升级。[66]余永定（2010）认为，发展中国家对目前占据分工领导地位国家的挑战会引发贸易冲突。[67]蒲华林和张捷（2012）认为，作为贸易摩擦不断和全球失衡“罪魁祸首”的商品贸易顺差大国——中国，其激增的贸易顺差是价值链分工的副产品，掩盖了产品价值真实的国际分配。[68]而张云、李湘黔和廖进中（2007）认为在全球价值链分工条件下相关国家之间存在相互依赖和利益的联系，从而降低贸易摩擦的发生。[69]

1.2.4 简评

综上所述，国内外对于全球价值链分工的理论及其治理模式，尤其是对其利益的产生与分配等问题的研究成果较为丰富、深入，但研究视角的进一步创新、研究视野的进一步拓展显然还存在较大的空间，特别是从国际贸易摩擦这个新的研究视角对全球价值链分工进行全面、深入的理论剖析和实践研究都亟待加强，这既是全球价值链分工发展面临的新问题、新挑战，更是未来研究工作应当高度关注的、亟待解决的理论与实践的重大问题。

1.3 研究主要内容与框架

1.3.1 研究主要内容

本书以全球价值链分工对国际贸易摩擦的影响为研究主线，探讨全球价值链分工的产生、演化、动因和特征，阐述了全球价值链分工引发的六个矛盾与国际贸易摩擦产生的动力机制，并分析了全球价值链分工的利益博弈与国际贸易摩擦的产生机制，进而深入分析全球价值链分工对国际贸易摩擦的广度影响和深度影响，并结合中国所处的全球价值链分工中的地位与面临的国际贸易摩擦的新特点，提出了中国调整参与全球价值链分工并化解国际贸易摩擦的战略及策略。

本书共分为 6 章，主要研究如下问题：

第 1 章是绪论。

主要研究：本书的选题背景以及本书的理论意义和实践意义、国内外的文献综述、研究主要内容与框架、研究方法、创新与不足之处五个部分。

第2章是对全球价值链分工的理论分析。

主要研究：（1）全球价值链分工代表性理论，主要有价值链理论、新价值链理论、虚拟价值链理论、价值网络理论、全球价值链理论，以及全球价值链的治理模式，主要是市场型治理模式、模块型治理模式、关系型治理模式、俘获型治理模式、层级制治理模式。（2）博弈论，主要介绍了博弈论的演化历程、基本概念与基本类型。

第3章介绍了全球价值链分工的演化及引发国际贸易摩擦的产生机制。

主要研究：（1）全球价值链分工的内涵及其演化。（2）全球价值链分工产生的动因：经济全球化是其产生的条件；国际产业转移是其发展的路径；国际直接投资是其扩展的依托；信息技术革命是其产生的动力；世界各国经济体制的趋同是其产生的制度基础；各国贸易和投资政策的自由化取向是其发展的制度保障；多边贸易体制的建立和健全是其运行的规则。（3）全球价值链分工的特征：空间布局上有在全球加速延展的态势；领导者与被领导者的角色分明；比较优势仍是分工的基础；贸易结构有不断高级化的发展趋势；利益分配具有复杂性。（4）全球价值链分工发展与国际贸易摩擦的产生机制；全球价值链分工对国际分工产生了重大影响：改变了主导分工的主体、改变了国家间经济联系的形式、改变了国家间经济联系的性质、改变了利益分配机制、改变了国际竞争的焦点。全球价值链分工的利益分配的矛盾与冲突：全球价值链分工下的利益增进，即发达国家是全球价值链分工的主导者，占据着分工所创造的绝大部分收益；发展中国家获取的利益：出口能力的提升、产业结构升级、诱发性和强制性制度变迁效应等；全球价值链分工的利益减损，即发达国家对全球价值链分工控制力下滑，国际收支失衡，产业空心化、失业率提高等；发展中国家面临着价值链“低端锁定效应”、“飞地效应”、“沙滩经济”以及虚假繁荣下的“贫困化增长”和国家经济安全受到威胁等；全球价值链分工下的冲突，即各国在国际分工中地位的差异性、动态性和利益获取的非均衡性必然导致控制与反控制的较量，导致全球经济失衡；而各国在国际分工中的地位、利益分配结构的重构等必然引发贸易摩擦的蔓延与升级。

第 4 章介绍了全球价值链分工对国际贸易摩擦的影响。

主要研究：(1) 全球价值链分工对国际贸易摩擦的广度的影响：对国际贸易摩擦主体扩展的影响；对国际贸易摩擦对象扩张的影响；对国际贸易摩擦中心国家位移的影响。(2) 全球价值链分工对国际贸易摩擦的深度的影响：对国际贸易摩擦手段升级的影响；对国际贸易摩擦对象错位的影响；对国际贸易摩擦手段重心变化的影响；使国际贸易摩擦快速发展为复合性摩擦；对国际贸易摩擦影响力扩大的影响。

第 5 章介绍了全球价值链分工对中外贸易摩擦影响的实证分析。

主要研究：(1) 中国在全球价值链分工中所处的地位和窘境及其危害：我国正处在由全球价值链分工的低端环节向研发设计和品牌服务高端环节逐渐升级的中间过渡阶段；我国正面临发达国家的围堵和发展中国家，特别是新兴经济体的追赶与竞争而引发更激烈的贸易摩擦的多重压力。中国在全球价值链分工中所处的地位使中国经济陷入六种“高度依赖”的窘境，而这六种“高度依赖”严重威胁着中国的国家经济安全。(2) 全球价值链分工对中外贸易摩擦的影响。全球价值链分工对中外贸易摩擦的广度的影响：发达国家是中外贸易摩擦的主要发起者；中国与发展中国家之间的贸易摩擦快速上升；中外贸易摩擦的领域迅速扩展。全球价值链分工对中外贸易摩擦的深度的影响：中外贸易摩擦的手段不断升级；中外贸易摩擦的焦点向整个产业扩散；中国成为知识产权摩擦的最大受害者；中外贸易摩擦对中国经贸的影响越来越大。(3) 全球价值链分工对中外贸易摩擦影响的实证分析：本书利用泊松回归模型对两者之间的关系进行计量分析，结果表明，中国在全球价值链分工中的地位与中国遭受到的贸易摩擦的广度、深度呈正相关。

第6章介绍了中国调整参与全球价值链分工并化解贸易摩擦的战略及策略。

主要研究：（1）内部策略：从战略层面上推动中国开放型经济转型升级的步伐；实现内外需市场协调均衡发展，弱化贸易摩擦；全面加强企业、行会、政府应对贸易摩擦的能力建设；提升运用多边贸易体制解决贸易摩擦的水平。（2）外部策略：积极推动市场“多元化”战略，分散贸易摩擦的结构性风险；大力实施价值链升级工程，快速提升在分工中的地位，掌握贸易摩擦的主动权；鼓励企业实施“走出去”战略，培育全球价值链分工的主导者，分散贸易摩擦的风险。

1.3.2　研究框架

本书的研究框架是：首先分析了本书的选题背景和意义，评述了国内外相关研究文献，确定研究的主要内容与框架、研究方法、创新与不足之处→对全球价值链分工进行理论分析，包括全球价值链分工的代表性理论及治理模式，以及博弈论等→分析全球价值链分工的演化及引发国际贸易摩擦的机制，包括全球价值链分工的内涵、演化、动因、特征及引发国际贸易摩擦的机制→研究全球价值链分工对国际贸易摩擦的影响，分别从广度和深度两个方面来进行深入研究→全球价值链分工对中外贸易摩擦影响的实证分析，判断中国在全球价值链分工中所处的地位和窘境及其危害，研究全球价值链分工对中外贸易摩擦的影响，并对全球价值链分工对中外贸易摩擦的影响进行实证分析→从内部策略和外部策略两个角度提出中国调整参与全球价值链分工并化解贸易摩擦的战略及策略（具体见图1－1）。

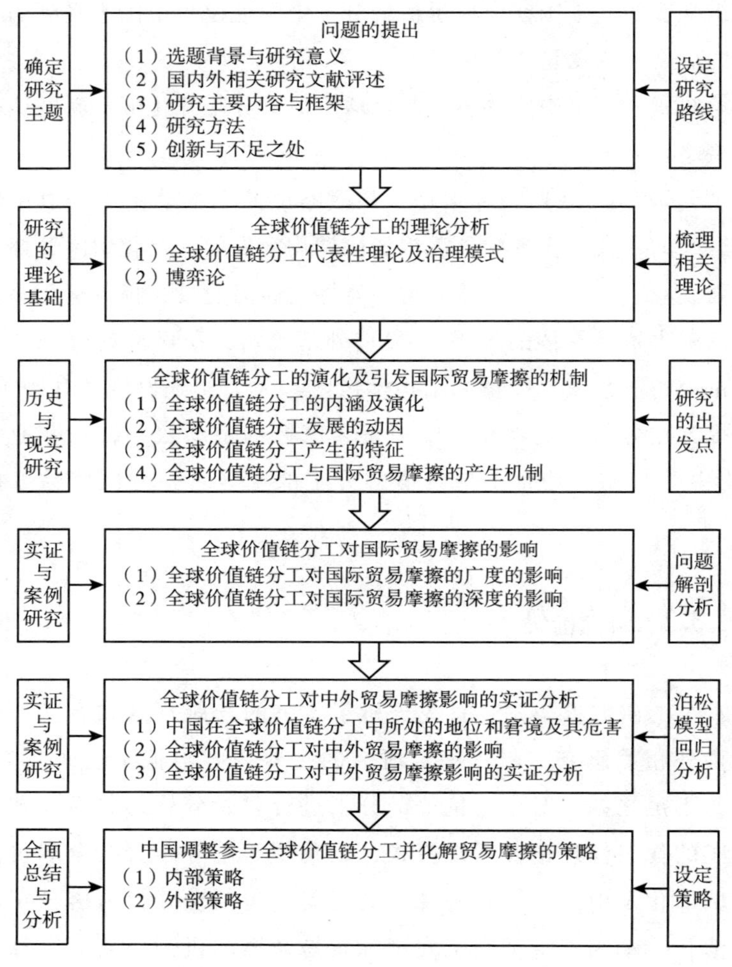

图1-1　本书的研究框架示意图

1.4　研究方法

本书采用的研究方法主要有：

（1）历史经验分析与定性分析相结合。本书对于全球价值链分工的历史发展和全球价值链分工的特点及中国参与全球价值链分工的形式等方面的分析，都是使用这一研究方法。

（2）动态分析与静态分析相结合。本书对全球价值链分工的利益分配问题的研究，采用了从动态利益和静态利益两个角度相结合的分析方法，科学地把握了研究主题的变动趋势，更好地理解和把握了全球价值链分工的利益分配问题。

（3）借鉴与运用泊松模型，从外贸结构、外贸竞争力以及外资结构等多个角度准确地测度中国在全球价值链分工中的地位，研究全球价值链分工对国际贸易摩擦，特别是对中外贸易摩擦广度与深度的影响以及科学地设计中国调整参与全球价值链分工并化解贸易摩擦的战略与策略。

1.5 创新与不足之处

1.5.1 创新之处

（1）研究视角的创新。本书在借鉴已有前沿研究成果的基础上，另辟蹊径，把国际贸易摩擦理论引入全球价值链分工研究领域，特别注重对全球价值链分工对国际贸易摩擦的广度与深度的宏观研究和微观研究，研究视角独特，研究视野得到了进一步的拓展，这既丰富了全球价值链分工理论的研究，更是对国际贸易摩擦问题研究的进一步开拓和深化，因此研究视角、研究视野具有突出的创新性。

（2）研究维度的创新。从历史、经济、政治、技术等维度，从宏观维度和微观维度等多维角度，对全球价值链分工使国际分工发生的五个革命性的改变而引发的三个主体之间的六个矛盾及其主要矛盾的运动规律进行深入研究，进而深入地揭示全球价值链分工对国际贸易摩擦的广度和深度产生重大的影响的宏观机理。

（3）研究观点的创新。本书首次使用了“国际贸易摩擦的广度”（国际贸易摩擦主体的变化、国际贸易摩擦范围的扩张、国际贸易摩擦中心国家的位移）和“国际贸易摩擦的深度”（国际贸易摩擦手段的多样化、国际贸易摩擦对象的错位、国际贸易摩擦重心的变化、国际贸易摩擦影响力的扩大）的提法，这有利于对全球价值链分工背景下的国际贸易摩擦问题进行深入研究。

1.5.2 不足之处

（1）由于本书的选题是本学科较为前沿的问题，目前，国内外关于全球价值链分工对国际贸易摩擦的影响这一问题的研究较少，可以借鉴的参考文献有限，因而，本书的写作难度较大，导致本书的深度稍显不足。

（2）本书利用中国案例，深入分析了中国在全球价值链分工中的地位对中外贸易摩擦的影响，并对此进行了实证研究。但是，对于全球价值链分工对国际贸易摩擦的影响没有进行实证分析，因而，还需要查找更多的数据对此问题进行更加系统的实证研究，而这也将是本书未来的研究方向。

第2章　全球价值链分工的理论分析

2.1 全球价值链分工代表性理论及治理模式

从1985年价值链概念的提出，到2001年全球价值链概念的最终形成，全球价值链这一概念经历了一个不断演化的历史过程。在全球价值链概念不断演化的过程当中，出现了一些全球价值链分工的代表性理论。

2.1.1 价值链理论

20世纪80年代以后，国外许多学者开始提出了有关价值链的一些理论观点。1985年，美国经济学家迈克尔·波特在《竞争优势》一书中提出："每一个企业都是在设计、生产、销售、发送和辅助其产品的过程中进行种种活动的集合体。所有这些活动可以用一个价值链来表明。"[70]企业通过一系列活动来创造价值，如图2-1所示，迈克尔·波特把公司的全部经营活动系统地分为9类价值行为，即图2-1底部的5项基本活动（也称之为主要价值行为）和图顶部的4项辅助活动（也称之为支持性价值行为），其中，基本活动主要包括内部后勤、生产作业、外部后勤、市场销售、服务等；辅助活动包括企业基础设施、人力资源管理、技术开发和采购等，这些活动构成了创造价值的动态过程，即价值链。[71]

迈克尔·波特在《竞争优势》一书中打破了企业的界限，从不同企业之间经济交往的视角，提出了价值系统这一重要概念，为全球价值链概念打下了基础。在价值链的组成当中，供应商具有创造和发送用于企业价值链之中外购投入的价值链，即上游价值；许多产品在到达顾客手中之前需要通过销售渠道的价值链，即渠道价值；企业的产品最终会成为买方价值链的一部分，即顾客价值。[72]这样，上游价

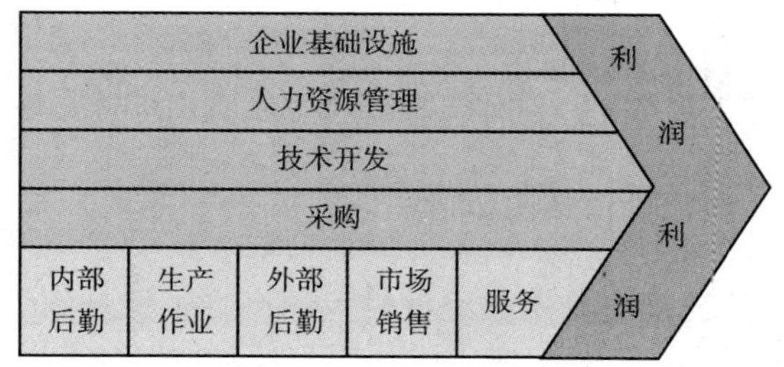

图 2-1　迈克尔·波特的价值创造环节

资料来源：张旭波．公司行为与竞争优势——评迈克尔·波特的价值链理论［J］．国际经贸探索，1997（3）：35.

值、渠道价值和顾客价值就形成了一个完整的价值系统。迈克尔·波特的价值链理论表明企业之间的竞争是整条价值链的竞争，企业的竞争力取决于整条价值链的综合竞争力。迈克尔·波特还指出在企业创造价值的过程中，不同环节的价值创造过程是不同的，那些价值创造量大的环节称为“战略性环节”。因此，为了实现企业能够创造最大化价值并获得竞争优势，应该重视企业价值链“战略性环节”的资源投入和优化配置。

2.1.2　新价值链理论

作为新价值链观点中的一位代表者，彼得·海因斯（Peter Hines）把迈克尔·波特的价值链重新定义成“集成物料价值的运输线”，新价值链理论和价值链理论有很多的不同之处：首先，在目标方面，价值链的目标是获取利润，而新价值链的目标是满足顾客对产品的需求，而获取利润只是这一目标的附属品；其次，在价值链构成方面，价值链包括与生产行为直接相关的成员，而新价值链还把顾客和材料供应商都包括到价值链当中，因而，新价值链在不同的阶段包含不同的成员；最后，价值链的辅助活动包括人力资源、基础设施、采购、技术开发等，而新价值链的辅助活动主要是对信息技术的运用。

2.1.3 虚拟价值链理论

2.1.3.1 虚拟价值链的概念

传统的价值链理论是工业经济时代的产物，但是到了知识经济时代，智力资本、知识和信息是愈加重要的生产要素，然而，迈克尔·波特的传统价值链理论仅把其当作传统价值活动中的辅助部分，并没有把智力资本等生产要素从传统价值活动中独立出来。[73]为了克服传统价值链理论适用的局限性，1995 年美国哈佛商学院的杰弗里·雷鲍特（Jefferey F. Rayport）和约翰·斯维奥克拉（John J. Sviokla）在《开发虚拟价值链》中首次提出了虚拟价值链理论。他们指出，在信息时代中，企业在两个世界中进行竞争：一个是市场场所（market place），即管理者可以看到、触摸到的由物质资源组成的物质世界；另一个是市场空间（market space），即由信息资源所组成的虚拟世界。因此，企业价值创造活动就分为两个部分：一部分是在市场场所，企业利用传统的物质资源为顾客生产有形的产品或提供服务，即基于物质资源的增值活动；另一部分是在市场空间中企业利用信息资源为顾客创造的一些无形产品或服务，即基于信息资源的增值活动。[74]其中，物质增值活动是传统的价值链，信息资源的增值活动形成了虚拟价值链，即虚拟价值链通过信息的形式把实物价值链反映在信息世界所形成的信息价值链。

2.1.3.2 虚拟价值链的模型

虚拟价值链模型主要关注企业在信息构成的虚拟空间中竞争优势的塑造问题。在信息构成的虚拟空间中，企业所有的价值活动都与信息相关，并可表示成一个统一的虚拟价值链。企业通过把虚拟价值链上的每一个价值活动与信息进行完美的结合来获取虚拟空间中的竞争优势，其结合的紧密程度和方式决定了企业获得竞争优势的强弱。虚拟价值链由两种价值活动构成：一种是基本信息增值活动，即企业在虚拟空间中创造价值的基本活动，包括网上供应管理、虚拟生产、网上库存管理、网络营销和在线服务等；另一种是附加价值活动，附加价值活动作用于基本价值活动信息增值部分的各个环节，为基本信息增值活动顺利进行奠定了基础，主要包括信息技术平台、智力资本、第三方物流、技术开发和网上采购等，如图 2－2 所示。

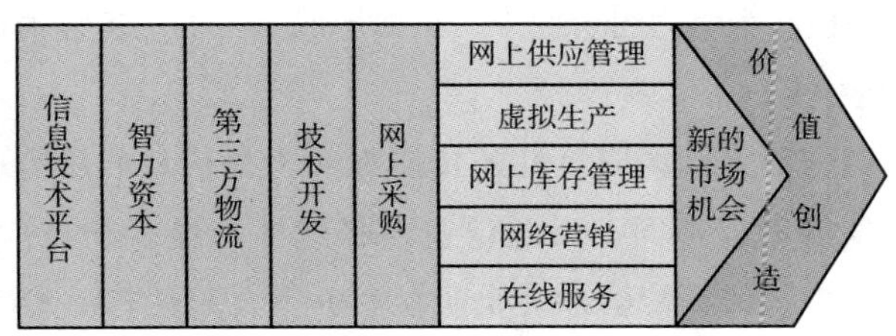

图 2－2 虚拟价值链的一般模型

资料来源：张孟才，楚金华．虚拟价值链理论当议［J］．沈阳农业大学学报（社会科学版），2004（12）：355－356.

2.1.3.3 虚拟价值链的特点

（1）非物质性。

在虚拟价值链的每个环节上，价值活动的对象从物质资源转为信息资源。企业对信息资源的依赖性增强，而对土地、资本和劳动等传统生产要素的依赖性减弱。与物质资源的稀缺性相比较，信息资源比较丰富且容易获取，因而，企业能够以较低的成本乃至零成本来加工和利用信息。

（2）灵活性。

虚拟价值链的灵活性可以从两个方面得以体现：一方面，企业可以利用信息的可复制性，对信息进行多层次的、灵活的以及不同类型的加工来为顾客提供多样化服务，这样既可以增加企业原料成本，又能够满足多样化需求的客户；另一方面，企业可以利用价值链的分解模式，在虚拟价值链的各个环节向顾客提供有价值的信息。[75]

（3）独特性。

各类企业在发展过程当中所形成的企业文化、企业的知识技能和企业经验决定着企业的核心竞争力，而且具有明显的路径依赖的特点。在利用信息价值创造的领域当中，由于信息的丰富性和加工方式的异质性，导致每个企业的虚拟价值链都具有异质性特点，难以被竞争对手模仿。虚拟价值链把核心竞争力作为合作企业的特征码，并利用价值创造的环节模式把这些核心竞争力组合起来，从而形成独特的虚拟价值链。

（4）持久性。

虚拟价值链是企业内暗默性的技能和经验在信息利用方面的表现，由于企业的发展历程不同，因此企业内暗默性的经验和技能很难被模仿，进而使虚拟价值链能够保证企业在竞争力方面具有持久性。

（5）敏捷性。

企业在分解了市场的相关价值需求以后，可以在最短的时间内通过信息技术来确定价值创造所需要的核心能力，找到可以提供该核心能力的虚拟企业并与其组成虚拟价值链，从而可以利用最快的反应速度来回应市场机遇。待项目结束以后，不存在产权联结的企业可以最快的速度解散，同时，各个企业又开始下一轮的动态组合。在信息流的支持下，资源可以迅速充足，大大提高了效率。

（6）规模经济。

在信息技术的支持下，虚拟价值链可以通过共享价值创造的活动形成规模经济，从而获得竞争优势。虚拟价值链可以支持不同的业务环节在不同地点和不同时间对价值活动提出需求，同时，利用互联网来共同完成，这种共享模式有利于获得规模经济以及充分利用生产能力的潜力。

2.1.4 价值网络理论

2.1.4.1 价值网络的概念及本质

价值网络理论源自于人们对“共赢”的思考。1996 年，哈佛商学院教授亚当·布兰登勃格（Adam M. Brandenburger）和耶鲁大学管理学院教授拜瑞·内勒巴夫（Barry Nalebuff）在《竞合》一书中把竞争（competition）与合作（cooperation）组合起来，创造了“竞合”（co-opetition）一词，两位学者认为企业之间既存在合作又存在竞争，企业在制定战略的过程中可以制造“双赢策略”（win-win game），从而企业组织之间、组织和个人之间形成有机的“共生”（symbiosis）网络，这个共生网络可以产生价值增值[76]，形成了价值网络理论的雏形。1998年，美智（Mercer）顾问公司的全球副总裁亚德里安·斯莱沃斯基（Adrian Slywotzk）在《利润区》第一次提出了价值网的观点，他认为价值网的本质是企业围绕顾客价值，按照整体价值最优的原则，重构原有的价值链，价值网把战略、管理、结构和文化融为一体，是企业和不同层次的利益相关者相互交织而形成的结构和关系，以实现价值的创造、分配、使用和让渡。[77]2001年，美国学者大卫·波维特、R. 柯克·克雷默和约瑟夫·玛撒对价值网进行了更为透彻和专业的阐述，他们认为作为一种新业务模式，价值网把有效率、低成本的供给系统和顾客日益严格的要求结合起来，利用数字信息来快速配送产品，有效化解了成本高昂的分销层，提交定制化的解决办法，他们指出价值网的本质是把了解顾客需要的前端和及时响应交货的后端融为一体，把个性化产品和独一无二的服务交给顾客。[78]2001年，普拉巴卡坦达拉曼和威尔逊（Prabakar Kathandaraman and David T Wilson）认为作为以顾客为中心的价值创造体系，价值网追求的目标就是卓越的客户价值，合作共赢是其理念基础，不同成员的核心能力是价值网赖以运行的关键。[79]同年，苏珊·伯杰（Suzanne Berger）指出价值网络的基本特征是通过横向的产业组织来实现范围、规模的外部经济特征，价值网络间接为企业提供获取资源、信息、技术、市场以及范围经济和规模经济的可能性，帮助成员实现价值活动外包、风险共享或组织能力提升等。[80]

因此，价值网络是以顾客为中心，企业间相互合作以推动价值增值，同时快速满足顾客需求的一种动态网络。价值网络突破了传统价值链忽略顾客需求、过分强调竞争和威胁以及侧重构建实物价值链的局限性，重视满足顾客需求、强调信息的共享和共赢以及价值网成员的诚信、寻求企业之间的合作和共赢，认为开放共享的联系网络是价值网成员的价值决定性因素。

2.1.4.2 价值网络的特点

价值网络在价值的创造过程中呈现出非平衡性、动态性和惯性三大特点，其中，非平衡性是任一时刻的静态特点，动态性是长期运行呈现出的演化特点，惯性是演化过程中呈现出的路径依赖特点。

（1）非平衡性。

价值网络的各个成员难以达到帕累托最优，在有限理性的前提下，只有部分成员能够达到效用的最大化，因此价值网络呈现非平衡性特点。因为企业价值网络所涉及的不同层次的利益相关者具有不同的力量，并且存在有限理性的限制，在一定的时间和空间条件下，企业系统只能够尽可能地满足个别利益相关者的需求，但满足所有利益相关者所期望的一种平衡状态却很难实现。[81]因而，价值网络是一个帕累托最优渐进调整的过程，即使在某一时间段接近了帕累托最优状态，但由于价值网络内部成员的行为调整以及外界环境的变化，该状态又会被打破，回到新一轮的调整状态中。

（2）动态演化性。

由于价值网络具有非平衡性，因而促使价值网络的不断变化，而动态性演化的本质就是成员之间复杂竞合关系和价值网络结构的不断变形和演化。[82]价值网络的动态演化形式分为并购式和渐进式两种：与股权变化相关的价值网络调整具有快速和突发的特点，即并购式；与非股权变化相关的协调和谈判导致的网络调整具有缓慢渐变的特点，即渐进式。[83]企业内部因素和外部环境是导致价值网络动态演化的重要原因。[84]

（3）惯性。

在价值网络动态演化的历史过程当中，价值网络成员在协同演化和联合价值创造表现出具有路径依赖的特性，就像物质运动具有惯性的特点，也就是说，价值网络具有惯性的特点。[85]价值网络的惯性特点决定了每个网络成员的演化路径和方向，进而汇聚成整体演化的宏观趋势。价值网络之所以具有惯性这一特点，主要是由于企业在网络中的定位因素、企业自身因素、内部因素与特定网络连接互动因素、特定二元关系因素和环境背景因素等五个方面的原因导致的。[86]

2.1.5　全球价值链理论

2.1.5.1　全球价值链的概念

2002 年，联合国工业发展组织提出了全球价值链的概念：全球价值链是指在全世界范围内为了能够实现商品或者是服务的价值，通过连接生产、销售、回收处理等过程而形成的一种全球性跨企业网络组织，这一过程涉及原料采集、运输、半成品和成品的生产和分销以及消费和回收处理。全球价值链分工包括所有参与者和生产销售等活动的组织及其价值利润分配，通过自动化的业务流程和伙伴商、供应商以及客户的链接，来支持机构的效率和能力。[87]全球价值链利用各种经济活动把许多具有互补性的企业联结起来，并形成企业网络的组织集，重点关注契约关系、企业以及不断变化的联结方式。

2.1.5.2　全球价值链的分类

全球价值链的驱动力主要来自生产者和采购者两个方面。生产者驱动是指由生产者投资来推动市场需求，形成全球生产供应链的垂直分工体系，投资者可以是试图推动地方经济发展、建立自主工业体系的本国政府，还可以是拥有技术优势、谋求市场扩张的跨国公司；采购者是指拥有强大品牌优势和国内销售渠道的经济体通过 OEM 和全球采购等生产组织起来的跨国商品流通网络，构成巨大的市场需求，推动实施出口导向型战略的发展中国家或地区的工业化进程。[88]根据全球价值链的驱动机制，可以将全球价值链分为两种类型，即生产者驱动的全球价值链和采购者驱动的全球价值链。生产者驱动的全球价值链主要对应于技术和资本密集型产业，而采购者驱动的全球价值链主要对应于劳动密集型产业，两者的具体区别见表2-1。

表2-1　　生产者和采购者驱动的全球价值链比较

项　目	生产者驱动的全球价值链	采购者驱动的全球价值链
动力根源	产业资本	商业资本
核心能力	研究与发展、生产能力	设计、市场营销
进入障碍	规模经济	范围经济
产业分类	耐用消费品、中间商品、资本商品等	非耐用消费品
典型产业部门	汽车、计算机、航空器等	服装、鞋、玩具等
制造企业的业主	跨国企业，主要位于发达国家	地方企业，主要在发展中国家
主要产业联系	以投资为主线	以贸易为主线
主导产业结构	垂直一体化	水平一体化
辅助支撑体系	重硬环境，轻软环境	重软环境，轻硬环境
典型案例	微软、波音、丰田、海尔、格兰仕等	沃尔玛、国美、耐克、戴尔、锐步等

资料来源：张辉．全球价值链理论与我国产业发展研究［J］．中国工业经济，2004（5）：40.

2.1.6　全球价值链分工的治理模式

2.1.6.1　全球价值链治理的概念

不同的专家学者对全球价值链治理进行了不同的定义。格里菲（Gereffi）认为价值链治理是指价值链中权利的拥有者组织和协调分散在世界各地的价值创造活动。[89]格里菲（Gereffi）认为在价值链中掌握主要权利的经济行为体可以制定各种规则和参数来强迫价值链中其他行为者接受和服从。汉弗莱和施米茨（Humphrey and Schmitz）认为价值链治理产生于价值链中的一些企业根据其他企业设立的参数标准在运行的过程当中，治理结构可以传递相关参数标准的信息和确保这些信息被遵守执行。[90]这些参数包括生产什么、何时生产、如何生产、生产多少以及价格等。也就是说，治理是指利用非市场机制来协调价值链上活动的企业之间的制度和关系。

在全球价值链当中，治理不仅是指治理者通过制定参数、监督其实施等手段来组织和协调价值链各个环节的价值创造活动，还包括在不同经济行为体之间的对价值分配控制。[91]

2.1.6.2　全球价值链治理的模式

根据交易的复杂程度、交易的标准化能力和供应商能力，可以把全球价值链治理模式分为五种类型：市场型、模块型、关系型、俘获型和层级制（具体见表 2－2）。

表 2－2　全球价值链模式的决定及其动态变化

治理类型	交易的复杂程度	交易的标准化能力	供应商能力	交易的标准化能力
市场型	低	高	高	低
模块型	高	高	高	↓
关系型	高	低	高	
俘获型	高	高	低	
层级制	高	低	低	高

资料来源：吴建新，刘德学．全球价值链治理研究综述［J］．国际经贸探索，2007（8）：12.

（1）市场型治理模式。

市场型治理模式是组织经济活动最为简单而有效的模式，其信息交换的复杂程度较低，各种交易容易被识别；产品规范非常简单，供应商能力较强，购买者不需要投入太多要素就能生产出产品，资金专用性比较低；运行的核心机制是传统的价格机制；双方根据价格和契约就可以控制交易的不确定性，基本不需要外在协调力。市场型治理模式主要存在于发展中国家拥有核心技术和竞争优势的产品中，或是发达国家和发展中国家价值链分工体系形成的初期。

（2）模块型治理模式。

模块型治理模式的产品比较复杂，供应商的能力比较强，资产的专用程度比较高，信息的可识别性使模块型价值链具有速度、弹性和能够获取低成本投入要素的优点，因而模块型价值链下的买卖双方容易更换合作伙伴，需要的协调成本较低。在模块型治理模式下，发达国家的跨国企业、大购买商与发展中国家的本土企业之间是市场共享、能力互补、技术充分交流的合作关系，不存在相互控制的关系。

（3）关系型治理模式。

关系型治理模式的产品复杂，因而这种模式下的交易也比较复杂，买卖双方需要交换的数量庞大且信息复杂，供应商的能力比较强，领导厂商和供应商之间的互相依赖性较强，双方可以利用空间的临近性、信誉、家族或种族关系来降低交易成本，也可以通过当面交流来协商和交换复杂信息，因而需要较多的协调，所以很难改变交易伙伴。[92]

（4）俘获型治理模式。

俘获型治理模式的产品比较复杂，供应商的能力比较低，需要供应商的技术支持和大量的投入，供应商将其资产专用化以防止其他供应商的竞争。供应商对领导厂商具有很强的依赖性，因而难以改变交易对象，成为“俘虏型供应商”。领导厂商为了实现治理对供应商进行高度控制，并提供各种支持来保证与供应商之间的合作关系。在俘获型治理模式中，发达国家的跨国企业或者采购商是价值链中的主导者，设计包括技术、质量、交货、库存及价格等参数，而发展中国家仅以代工者的身份来执行这些参数。

（5）层级制治理模式。

层级制治理模式的产品很复杂，供应商的能力很低，领导厂商被迫在企业内部采用纵向一体化的方式来完成产品的开发和生产。由于交易可能涉及领导厂商的知识产权、隐性知识等核心能力，因而领导厂商没有办法利用契约来抑制机会主义行为，所以只能采用企业内部生产。

在全球价值链的背景之下，发达国家的母公司为了开拓发展中国家市场、降低生产成本、获取国际竞争优势，以对外直接投资的方式在发展中国家建立子公司，母公司采用垂直一体化的层级型治理模式来对子公司进行控制和运作，主要采取总部对分支结构和关联公司的控制、经理对下属的控制等上级对下级的控制方式。

2.2　博弈论

2.2.1　博弈论的演化

（1）博弈思想溯源。

“博弈”，按照其字面意思可以理解为“游戏”，从科学意义上来说，是指局中人的行为以及其相互之间的竞争、冲突、协调与合作关系。这种关系可以描述为“在一定的环境条件下，理性的个人或者组织按照一定的规则同时或者先后、一次或者多次从各自允许选择的行为或策略当中进行选择并予以实施，同时从中取得相应结果的一种过程”。[93]从形式上来看，博弈与扑克、国际象棋等室内游戏性奕赛或赌博比较相似，强调分析的冷静、理性和算计的性质。

在中国，最早的博弈思想源于古代的军事活动，如2000多年前的《孙子兵法》《田忌赛马》《三十六计》等军事博弈都是经典的博弈案例，也是最早的博弈思想的雏形。其中，在经典的《田忌赛马》

这个博弈当中，田忌选择的策略是“在齐王不改变策略的条件下如何取舍”，这一选择其实就是现代博弈论当中的完全信息条件下的两个人进行博弈的问题。

在西方，博弈的思想和活动同样源远流长。在巴比伦王国的犹太法典当中讨论的“婚姻合同问题”被世人认为是人们最早应用的一个现代合作博弈理论的实例。1713 年 11 月，詹姆斯·瓦尔德格雷夫（James Waldegrave）在讨论玩扑克牌的方法当中提出了“最小最大混合策略解”。[94]

尽管博弈的思想和实践活动由来已久，但是将博弈思想转化为系统的理论体系却是一个漫长的演化过程。1710 年德国数学家莱布尼兹（Leibniz）首次提出“博弈论”，但到了 20 世纪博弈论才开始真正发展，20 世纪 40 年代中期到 50 年代初期，现代博弈论开始建立并形成理论体系，到近三四十年，博弈论逐步完善并广泛应用于经济学等各方面，因而，博弈论仍然是一门新兴学科。

（2）博弈论的形成。

19 世纪末 20 世纪初，许多数学家开始对博弈问题进行了深入研究，提出了很多重要的概念和定理，为现代博弈论的发展奠定了基础，因而，20 世纪初是博弈论的萌芽阶段。在这一阶段当中，人们专注于研究严格竞争对策，即二人零和博弈。二人零和博弈是指在博弈当中不存在合作或联合的行为，博弈双方的利益严格对立，一方的损失等于另一方面所得。这种博弈符合下棋等游戏规则，虽然不能广泛应用于政治和经济上，但是其丰硕的研究成果为日后博弈论的发展和深化奠定了重要基础。在此阶段，泽梅罗定理（Zermelo，1913）和冯·诺伊曼的最小最大定理（Von Neumann，1928）是最重要的研究成果。泽梅罗定理是博弈论中真正的第一个定理，即在国际象棋中，或者是白方获胜，或者是黑方获胜，或者是和棋。冯·诺伊曼的最小最大定理认为在每个二人零和博弈当中，如果局中人具有有限多个纯策略，那么这个博弈就是确定的。该定理为二人零和博弈提供了解决方法，并对博弈论的发展产生了重大影响。

（3）博弈论的演化。

一直以来，博弈论都广泛应用于政治、经济、外交、军事和法律等领域，但在经济学的应用当中最为广泛和成功。20 世纪 50 年代以后，现代博弈论的发展正是伴随着其经济学方面的应用而不断演化，也正因为如此，博弈论的研究专家曾四度被授予诺贝尔经济学奖，为博弈论在主流经济学中的地位奠定了重要基础，使博弈论成为经济学当中的重要一部分，并逐步成为经济学研究的基石。

1838 年，法国经济学家古诺（Cournot）首次把博弈论引入经济学当中，从生产者的角度，利用均衡概念分析了寡头市场的情况，并提出了“解”的概念，这一概念后来成为纳什均衡的严格说法。1881 年，英国经济学家埃奇沃斯（Edgeworth）提出用“契约曲线”解出了决定个体之间的交易结果。1930 年，泽尤森（Zeuthen）在《垄断问题与经济竞争》当中提出了有关讨价还价的“解”，这个“解”后来被证明等价于纳什的讨价还价的“解”。1944 年，《博弈论与经济行为》的出版是博弈论在经济学方面应用的一个里程碑。

20 世纪 50 年代是现代博弈论的建立和理论体系的初创阶段。美国普林斯顿大学的数学家纳什（Nash）1950 ~ 1953 年发表了四篇具有划时代意义的论文，为合作博弈的谈判理论和非合作博弈的一般理论奠定了基础。纳什还提出了“纳什均衡”这一重要概念，为博弈研究开辟了全新领域。[95] 在此后的 50 多年的时间里，许多专家学者仍致力于研究博弈的结构，发展纳什均衡理论，目前，“纳什均衡”仍然是博弈论研究的核心思想。在同一时期，塔克（Tucker，1950）发现了“囚徒”困境；沙普利（Shaplay，1953）定义了联盟博弈的值的概念，创立了随机博弈理论；库恩（Kuhn，1953）研究了行为策略和完全再现；卢斯（Luce，1957）和雷法（Raiffa）出版了《博弈与决策》；在 20 世纪 50 年代末发表了重复博弈的第一批研究论文。20 世纪 50 年代，以纳什非合作均衡博弈理论为核心的现代博弈论体系初步形成。

20 世纪 60 年代是博弈论的成熟期。在此阶段，专家学者把动态模型和不完全信息引入博弈论当中，使博弈论的应用更为广泛。1965 年，泽尔腾（Selten）首次进行动态模型的研究，提出了子博弈和子博弈完美均衡的概念，并发展了倒推归纳法等分析方法，推动了博弈论在经济学方法的应用。1967 年，豪尔绍尼（Harsanyi）开辟了不完全信息博弈研究的新领域，提出了贝叶斯纳什均衡，标志着现代博弈论的发展。[96]1994 年，纳什、泽尔腾和豪尔绍尼这三位学者被授予了诺贝尔经济学奖，来表彰他们在博弈论研究方面所作出的杰出贡献。

20 世纪 70 年代是博弈论体系的形成期。在这一阶段，博弈论被广泛应用于计算机科学、生物学、经济学和哲学等领域，取得了重大突破。1972 年，《国际博弈论杂志》正式创刊，同时，有很多关于博弈论的经济理论刊物相继出现，如《经济学理论杂志》《数理经济学》和《经济计量学》等。1974 年，奥曼（Aumann）首次提出了相互关联的均衡概念，1975 年，泽尔腾提出了“颤抖的手完全均衡”的概念。与此同时，博弈论在应用方面取得了重大进展。例如，1971 年英国剑桥大学教授莫里斯（Mirrlees）在《经济研究评论》杂志上发表了论文《最优所得税探讨》，将博弈论应用到税收分析；1973 年生物学家史密斯（Smith）提出的“稳定进化策略”（简称 ESS）使博弈论在生物学方面的应用取得了重大突破等。[97]

20 世纪 80 年代是博弈论研究成果丰硕的阶段。1981 年奥曼首次提出用自动学来描述在重复博弈中的局中人，1982 年克里普斯（Kreps）和威尔逊（Wilson）将子博弈完备均衡的思想扩展到扩展形式子博弈中，并称为“序列均衡”。[98]1982 年斯密作为进化博弈论的先驱者，在《进化与博弈》中正式提出了“进化博弈论”的思想，1990 年费里德曼（Friedman）出版了《博弈论及其在经济学中的应用》等，可以说，博弈论在 20 世纪 80 年代得到了空前发展和完善，并在 80 年代末形成了完整的理论体系，成为主流经济学当中的重要组成部分。

20 世纪 90 年代以来，博弈论与主流经济学结合得更加紧密，而研究博弈论或者用博弈论的方法来研究经济行为已经成为一种新潮，尤其是随着经济学对信息问题的关注，使信息经济学成为博弈论应用当中的一个组成部分。[99]20 世纪 90 年代是博弈论研究方法的转折点，“进化博弈论”使“所选择的均衡是达到均衡的均衡过程的函数。”[100]1999 年，美国波士顿大学经济学教授库珀（Cooper）在《协调博弈——互补性与宏观经济学》中系统研究了“协调博弈”理论。2001 年，美国学者迈克尔·斯彭斯（A. Michael Spence）、乔治·阿克尔洛夫（George A. Akerlof）和约瑟夫·斯蒂格利茨（Joseph E. Stiglitz）由于在“对充满不对称信息市场进行分析”领域的杰出贡献而获得诺贝尔经济学奖。2005 年，美国学者托马斯·谢林（Thomas C. Schelling）、具有以色列和美国双重国籍的罗伯特·奥曼（Robert J. Aumann）由于创建了“交互决策理论”而获得了诺贝尔经济学奖。从 20 世纪 90 年代中期至今，多名研究博弈论方面的专家学者获得了诺贝尔经济学奖，标志着经济博弈论的发展进入了一个繁荣时期。

2.2.2 博弈论的基本概念

博弈论（game theory），又称对策论或赛局理论，是研究人们在各种战略的情况下如何行事。这里的“战略”是指每个人在决定采取什么行动时，必须考虑其他人对这种行动会做出什么反应的状况。博弈论是应用数学的一个分支，关注的是对策略互动的一般性分析，是研究具有竞争或斗争性质现象的数学理论和方法，同时也是运筹学的一个重要学科，被广泛应用于经济学、生物学、计算机科学、国际关系、军事战略、政治学和其他学科。

博弈论的基本概念包括：

（1）局中人，就是在博弈中为了达到最大化的效用而选择行动的参与者。局中人既可以是一个具体的人，也可以是国家、企业这样的集体。

（2）行动/策略空间，博弈中的局中人有很多自己可以选择的策略或行动方案，局中人必须知道其他局中人的策略选择范围和这些策略之间的关系。

（3）优势战略，即无论其他参与者选择什么战略，对一个参与者都是最优的战略。

（4）支付，即博弈的得失结果。支付是博弈当中每个局中人真正关心的东西。根据局中人的得失情况，博弈可以分为零和博弈和非零和博弈。零和博弈是指局中人之间的利益关系是完全对立的，非零和博弈是指局中人可能采取合作以达到双赢。

（5）信息，即局中人对博弈规则和局势的认知，尤其是对其他局中人的行动和特征的认知。如果所有的局中人所具有的信息是相同的，就是“对称信息”，反之就是“不对称信息”；如果所有局中人都具有整个博弈的信息，那么就是“完全信息”，反之就是“不完全信息”。

（6）纳什均衡，即相互作用的经济主体在假定所有其他主体所选战略为既定的情况下选择自己最优战略的状态。

2.2.3 博弈论的基本类型

根据不同的标准，博弈论可分为不同的类型。但由于“信息”和“时序”是博弈论当中的核心概念[101]，因此人们通常从这两个概念出发将其作为划分博弈论的依据。在现实经济问题当中，博弈论大概可以分为以下几种：

（1）双人博弈和多人博弈。

根据参与博弈的人数，可将博弈划分为双人博弈和多人博弈。双人博弈是指仅有两个人参与的博弈；多人博弈是指有三个或三个以上的人参与的博弈。一般来说，参与博弈的人数越少，博弈问题越容易解决；参与博弈的人数越多，博弈问题越难，博弈的结果也更难预料。

（2）合作博弈和非合作博弈。

根据博弈方是否达成约束或协议，可将博弈划分为合作博弈和非合作博弈，也称为结盟博弈和不结盟博弈。合作博弈是指博弈方以自身利益为出发点，与其他博弈方通过谈判形成联盟或达成协议，从而使博弈的结果对所有参与博弈的一方都有利的这样一种博弈，强调集体理性、公正、效率与公平。而非合作博弈是指博弈方在进行决策或行动选择时并没有形成联盟或达成协议，强调个体理性，但其结果可能是无效率的。

（3）零和博弈和非零和博弈。

根据博弈收益分配的结果，可将博弈划分为零和博弈和非零和博弈。零和博弈是指参与博弈一方的所得就意味着另一博弈方的所失，因而，博弈方的利益是此消彼长、相互抗衡的，并且其博弈结果也是难以预测的。非零和博弈是指博弈方的收益总和并不是零，博弈方也不是对抗的，博弈一方的所得不代表另一博弈方的所失，也就是说，博弈各方可以实现“双赢”或“共赢”的局面。

（4）单次博弈和重复博弈。

根据博弈方进行博弈的次数，可将博弈划分为单次博弈和重复博弈。单次博弈是指博弈方之间只进行一次博弈，博弈方之间不存在长期关系。重复博弈是指在博弈当中，相同的博弈重复多次，或者无限次。因而，重复博弈根据博弈重复的次数，还可以分为有限次重复博弈和无限次重复博弈。

（5）静态博弈和动态博弈。

根据博弈方行动的“时序”，可以将博弈划分为静态博弈和动态博弈。静态博弈是指博弈方在同时选择行动或者非同时行动时，不知道其前面博弈者的行动。而动态博弈是指博弈方在进行行动选择时是有先后顺序的，并且后行动的博弈方可以知道前面博弈者的行动。

（6）完全信息博弈和不完全信息博弈。

根据博弈方所拥有的关于博弈的信息结构，可以将博弈分为完全信息博弈和不完全信息博弈。完全信息博弈是指博弈方能够准确了解所有其他博弈方的全部信息，如其他博弈方的策略集合、特征等。不完全信息博弈是指博弈方只能够了解一部分有关其他博弈方的信息。

把上述第五种和第六种博弈类型结合起来，又可以得出四种不同类型的博弈，即完全信息静态博弈、完全信息动态博弈、不完全信息静态博弈和不完全信息动态博弈，其相对应的均衡概念分别为纳什均衡、子博弈精炼纳什均衡、贝叶斯纳什均衡和精炼贝叶斯纳什均衡。

在国际贸易摩擦愈演愈烈的当今世界，每一个国家都希望能够实现本国利益最大化，但是信息不对称、世界形势不断变化、“搭便车”行为等多种因素抑制了每个国家实现最大化目标。各个国家在贸易政策选择上的不同态度是导致贸易摩擦产生的重要因素，而博弈论就是研究不同参与者如何选择最优策略的科学，因此，博弈论可以应用于对国际贸易摩擦的研究。

全球价值链分工对
国际贸易摩擦
的影响研究
Chapter 3

第3章 全球价值链分工的演化及引发国际贸易摩擦的机制

3.1 全球价值链分工的内涵及演化

3.1.1 全球价值链分工的内涵

1985年，美国经济学者迈克尔·波特（Michael E. Porter）首次提出“价值链”这一概念，他认为，价值链是指最终商品或服务在形成的过程中，由同一企业内部或者是不同企业之间通过分工生产而联结起来的从原料到最终消费品的所有环节或阶段。[102]与波特更注重企业内部的价值链分析不同，在同一时期，寇佳特（Kogut）突破了企业内部的限制，认为价值链是把技术、原料和劳动融合在一起形成各种商品生产环节，然后通过组装把这些环节结合起来形成最终商品，再通过营销完成价值循环过程。[103]卡普林斯基（Kaplinsky）提出了产业链的概念，即生存企业将生产产品和营销等环节重新设计和整合，企业本身仅专业化某个核心业务，而把产品的其他生产环节转移到企业的外部，从而更好地发挥企业的比较优势。[104]基于波特的价值链理论，格里菲（Gereffi）提出了“全球商品价值链”的概念，提出全世界不同的企业在产品的设计、生产和营销等行为形成的价值链中进行合作，但是这些行为分散于不同地方的不同企业当中，因此，最终产品的生产也随之分布在不同企业的各种中间行为之中。[105]2002年，联合国工业发展组织界定了“全球价值链”这一概念，认为全球价值链是为了实现商品或者服务价值而连接生产、销售、回收处理等过程的全球性企业网络，包括原料采集、运输、半成品和成品的生产及运输储存、成品的生产和销售、最终消费和回收处理的过程。[106]联合国工业发展组织定义的全球价值链凸显了不同国家和地区在全球生产和创造活动中价值链环节的联系，而价值链后面再缀上“分工”一词，也凸显了发达国家和发展中国家在这种分工形式下的贸易利益的不平等性。

本书认为，全球价值链分工是指每个国家或地区在产品价值链的特定环节所进行的连续专业化生产或提供的服务，以完成最终产品的生产、消费和回收。

3.1.2　全球价值链分工的演化

由于世界上的不同国家和地区之间在经济上形成了相互依赖的劳动分工，从而构成了国际分工的模式，可以说，国际分工是一个国家或地区的内部社会分工不断深化、发展进而向国际领域扩展的最终结果。国际分工是各个国家或地区对外贸易的基础，一个国家或地区对外贸易的结构、贸易利益和对外贸易地理方向取决于该国或地区参与国际分工的形式和格局。到目前为止，国际分工先后经历了产业间分工、产业内分工和产品内部分工这三种形式，具体过程如下：

（1）国际分工的萌芽。

在资本主义社会形成之前的社会形态当中，自然经济主导着社会生产模式，因而生产力水平较为低下，商品经济比较落后，不同国家或民族之间的生活和生产方式没有较大差异，所以仅存在不发达的地域分工或不发达的社会分工。从 15 世纪末到 16 世纪初，地理大发现推动了国际贸易从欧洲发展到亚洲和新大陆，促进了地域分工的迅速发展。西欧国家使用超经济和暴力手段，在殖民地国家建立了满足宗主国市场的早期专业化生产，因而，形成了亚洲、非洲和拉丁美洲生产并出口矿产品和农产品，而宗主国出口工业制成品的初级国际分工形式，在当时出现的著名的“三角贸易”就是西欧国家和殖民地之间形成的国际分工萌芽的一个重要标志。然而，当时的生产力和生产社会化程度较低，因而与整个社会相比较，面对国际市场的专业化分工协作生产是无足轻重的，并且其活动范围的地域性较为明显，各国之间没有构建稳定的经济联系。因而，在地理大发现以后出现的国际专业化分工协作生产仅仅是国际分工的萌芽。

（2）国际分工的形成。

18世纪60年代，英国爆发了工业革命并且快速扩张到其他国家，随后出现了资本主义的现代工厂制度，“由于机器和蒸汽的应用，分工的规模已使大工业脱离了本国基地，完全依赖于世界市场、国际交换和国际分工”。[107]先进的国家依靠非经济手段和工业生产的强大生产能力，使落后国家成为先进国家的原料产地和销售市场。所以从18世纪后期到19世纪中叶，大机器生产所推动的以自然条件为基础的农业国与以先进技术为基础的工业国之间形成的国际分工就是国际分工的形成，其实质就是殖民地附属国与宗主国之间的国际分工。“一种和机器生产中心相适应的新的国际分工产生了，它使地球的一部分成为主要从事农业的生产地区，以服务于另一部分主要从事工业的生产地区”。[108]所以原本在一个国家范围内的农业和工业部门之间的分工演化为世界范围内的农业和工业生产的国际分工，它是导致世界农村和城市相对立的“垂直型”的国际分工模式。

（3）国际分工的发展。

19世纪70年代开始的第二次产业革命推动了近代国际分工的迅猛发展。第二次产业革命带来了新科技的发明和应用，大大提高了世界生产力，1870～1913年，世界工业产值增长了4倍，国际贸易额也增长了3.2倍。[109]第二次工业革命进一步深化了原来的“垂直型”国际分工，加强了“工业欧美、原料亚非拉”的国际分工体系，发达国家之间的“水平型”国际分工也迅速发展起来，使国际分工体系不断完善。

（4）国际分工的深化。

第二次世界大战以后，随着国际经济一体化体制的不断推进、第三次技术革命和跨国公司的推动，国际分工不断深化发展。由于消费者对产品的需求不断提高，促使产品的生产过程更加复杂，单个企业很难完成整个产业的国内生产和采购的过程，促使同一产业部门内部在国际化分工协作，即更高水平的专业化生产——零部件生产的专业化开始形成，推动了产业内部的分工迅速发展。在国际分工不断深化的过程中，跨国公司利用跨国采购和对外投资加强不同国家的企业在生产经营活动之间的联系，而科学技术的发展和贸易自由化的不断推进，促使产品内部的全球价值链分工的出现并获得迅猛发展。

到目前为止，国际分工经历并形成了产业间分工、产业内分工与产品内分工三种形式（见表 3－1）。其中，产业间分工和产业内分工是把产业或产品作为界限，产品内分工是把产品的价值链环节作为界限。现阶段，国际分工正从产业间分工转换为产品内分工，产品的价值链被分解，从而出现了不同国家或地区之间按照统一产业或产品的生产环节或工序进行分工的现象，即形成产业链分工或者是价值链分工。

表 3－1　　当代国际制造业分工的多层次化格局

	产业间分工	产业内分工		产品内分工	
		水平型产业内分工	垂直型产业内分工	水平型产品内分工	垂直型产品内分工
基于价值链视角的界定	不同产业价值链的国际分工	同一产业技术水平和密集度相似的产品价值链的国际分工	同一产业中上下游产品价值链的国际分工	同一产品价值链中技术水平和密集度相似环节的国际分工	同一产品价值链中技术水平和密集度有差异的环节的国际分工
基本分工结构	垂直型	水平型	垂直型	水平型	垂直型
分工的国别和区域结构	发达国家和发展中国家之间	发达国家之间，发达国家和新兴工业化国家之间	发达国家和新兴工业化国家之间，发达国家和部分发展中国家之间	发达国家之间，发达国家和新兴工业化国家之间	发达国家和新兴工业化国家之间，发达国家和部分发展中国家之间
贸易方式	产业间一般贸易方式	产业内一般贸易方式，公司内贸易	一般贸易方式，加工贸易，全球外包，OEM、ODM 公司内贸易等	一般贸易方式，全球合同外包，公司内贸易，战略联盟等	一般贸易方式，加工贸易，全球外包，OEM、ODM、公司内贸易等
分工的基本演进趋势	——————————→				

资料来源：朱有为，张向阳．价值模块化、国际分工与制造业升级［J］．国际贸易问题，2005（9）：100.

3.2 全球价值链分工发展的动因

3.2.1 经济全球化是其产生的条件

在经济全球化的背景下，以跨国公司为主导的国际分工和资源配置把不同类型的国家纳入全球经济体系当中，推动了全球价值链的发展。跨国资本的产业体系和国际分工体系密切联系起来，从而产生有机的并且相对稳定的全球价值链。为了实现资源最优配置，跨国公司把一些加工组装的低附加值环节转移到中国等发展中国家，承担着越来越多的商品生产分工，并需要更广阔的世界市场，使中国和一些新兴经济体在全球价值链分工中的地位不断上升，而发达国家在全球价值链分工中的主导地位也面临着严峻挑战，因此，经济全球化是全球价值链分工产生的条件，促使了产品生产的全球化、研发活动的全球化，并建立了全球品牌培育和分销的渠道，使产品的研发设计、生产加工、分销以及售后服务可以在不同的国家和地区完成，从而形成全球价值链。作为一种新的国际分工模式，全球价值链使不同国家和地区完成同一种产品的生产，全球资源得到了有效整合和配置，实现了更高级的专业化分工和生产。

3.2.2 国际产业转移是其发展的路径

从 20 世纪 50 年代到 21 世纪第一个 10 年这 60 年的时间里，全球范围内完成了三次产业转移的浪潮，目前正在启动第四次产业转移。第一次国际产业转移是从 20 世纪 50 ~ 60 年代，美国在国内集中发展化工、汽车等资本密集型重化工业，而把钢铁、纺织业等劳动密集型传统产业以直接投资的方式转移到日本、德国等国家。第二次国际产业转移发生在 20 世纪 60～80 年代。美国、日本和德国等发达国家集中力量发展钢铁、化工等资本密集型产业以及航空航天、电子、生物医疗等技术密集型产业，而把大量的劳动密集型产业转移到拉美和东亚等发展中国家。第三次国际产业转移发生在 20 世纪 80 年代后期到 90 年代初期。美国、欧洲和日本等发达国家以及先期发展起来的亚洲部分国家和地区，开始把劳动密集型产业和部分低技术密集型产业转移到东盟和我国的东南沿海地区。这四次国际产业转移增强了各个国家之间的产业结构互动性和关联性，随着国际产业转移的日益细化和分散，国际分工也随之日益深化，从而出现以价值链为纽带的现象。也就是说，同一产业内部的不同价值链环节的转移成为国际产业转移的新趋势并逐步成为主流，同时，随着国际产业转移的发展，全球价值链也在不断完善。因而，国际产业转移是全球价值链发展的路径。

3.2.3　国际直接投资是其扩展的依托

由于跨国公司主导着全球价值链，因而国际直接投资对一国参与全球价值链的紧密度具有重要影响。2012 年全球对外直接投资额为 1.35 万亿美元，与 2011 年相比下降了 18%，其中，对发展中经济体的外商直接投资要比对发达经济体的外商直接投资更为活跃，2012 年发展中经济体吸引的外商直接投资达到了 7030 亿美元，虽然小幅度下滑了 4%，但仍是有史以来吸引外商直接投资第二高的一年，也是第一次吸引外商直接投资超过发达经济体的一年，两者相差了 1420 亿美元。发展中经济体对外直接投资总额为 4260 亿美元，占全球对外直接投资总量的 31%，因而发展中经济体的跨国公司在海外不断增加。金砖五国（巴西、俄罗斯、印度、中国和南非）是新兴投资国当中最主要的对外直接投资的来源地。2000～2012 年，金砖五国对外直接投资流出量从 70 亿美元增加到 1450 亿美元，占全球对外直接投资流出量的1/10，同时，金砖五国的跨国公司在全球市场上也日益活跃，其中，中国在2012年成为仅次于美国和日本的全球前五大投资来源地之一。2012年发达经济体吸引的外商直接投资额为5610亿美元，与2011年相比，下降了32%，其中，北美、欧盟等地区的外商直接投资流入量都有所下降，但是日本吸引的外商直接投资量有所增加。2012年，发达经济体对外直接投资流出量为9090亿美元，与2011年相比下降了23%，其中，北美和欧洲地区的对外直接投资流出量下降幅度较大，但日本仍是全球第二大投资国家。尽管全球对外直接投资的流量有所下降，但是仍然增加了现有的对外直接投资的存量，因而，2012年跨国公司的国际生产仍然稳步进行。2012年，全球对外直接投资存量达到23万亿美元，与2011年相比，增加了9%；跨国公司的国外分支机构的销售额达到了26万亿美元，与2011年相比增加了7.4%；员工人数达到了7200万人，与2011年相比，增加了5.7%。[110]随着跨国公司在全球的生产网络不断扩大，发达国家可以通过对发展中国家进行国际直接投资，利用其廉价的劳动力和丰富的资源来进行生产，而发展中国家可以利用发达国家的国际直接投资，分享厂商先进的技术和资本，嵌入全球价值链的生产环节当中并逐步实现价值链升级。因而，国际直接投资是发达国家、发展中国家乃至最不发达国家参与全球价值链的重要渠道。

3.2.4 信息技术革命是其产生的动力

信息技术革命不仅大幅度提高了社会生产力，而且推动了社会生产力的飞速发展，对全球经济活动产生了深刻影响，提升了产品本身的技术特性，使产品的生产过程具有空间分离性，并催生出统一的国际化生产标准，从而为中间产品以及零部件的国际化分工生产提供了质量和技术保障。波音747飞机的450万个零部件是由8个国家的1.5万个中小型企业和1600个大型企业联合生产，并在美国西雅图组装完成，这个例子就是信息技术革命是全球价值链产生的动力的最好证明。信息技术革命推动了生产过程的分解，模块化技术和数字化生产技术创造了全新的生产方式，即世界各国可以独立设计产品的某个环节，并联合起来共同完成整件产品的生产过程。

信息技术革命降低了信息和运输成本。卫星定位技术和集装箱技术、网络、计算机、光纤、移动通讯等都为国际贸易降低了运输费用和信息成本，推动了全球价值链的不断发展。例如，航空费用的下降比较明显，据统计，与 1995 年相比，1996 年的航空运费还不到其 1/10。[111] 此外，海洋运输费用在 20 世纪后 50 年下降了 75%～80%，50 万吨的超大型油轮已经取代了 1 万吨的油轮，5000～8000 吨的商船轮船正在取代 10 万～15 万吨的集装箱货运航空，因而，码头装卸率快速提高，再加上铁路运输网络和国内公路，整个国际货物运输体系是高效而快速的。[112]

同时，自 20 世纪 70 年代开始快速发展的网络、计算机、光纤和移动通信等信息技术使企业的远距离控制和交易成本在不断下降。可以说，信息技术革命减少了跨国公司在全球价值链分工当中的交易成本，加强了不同企业之间在全球价值链当中协调生产和监控整个生产过程，推动了全球价值链的发展。

3.2.5　世界各国经济体制的趋同是其产生的制度基础

第二次世界大战以后，世界各国的经济体制开始出现趋同现象：计划经济体制的国家也开始实行转型。20 世纪 60 年代一些计划经济国家的体制开始转型，而中国 1978 年开始实施了改革开放，并取得了重大成功，中国的成功经验被大部分转型经济国家所吸取，世界各国广泛意识到要实施开放型经济的发展路线。因而，西方国家与转型国家之间所存在的阻碍要素和商品自由流动的体制性障碍在不断减少。发展中国家逐步采取对外开放政策。20 世纪 70 年代，对于发展中国家经济贫困的原因，发展经济学的贫困的恶化增长模型和主流经济学的两缺口模型为之提供了答案，两者都认为必须通过实施开放性经济政策来获取外部的资源和市场才可以解开由于内需不足和积累不足所产生的增长“瓶颈”。[113]因此，采取内向型发展战略的拉美和采取外向型发展战略的东亚在经济上的差异可以说明，要实现本国经济的繁荣发展必须实施开放型的市场经济。发达国家经济体制不断自由化。20 世纪 70 年代，布雷顿森林体系崩溃导致国际货币体系发生危机，而石油危机产生了严重的经济滞涨，为了恢复经济增长，发达国家提出了要实施经济自由化战略。因而，从 20 世纪 80 年代起，西方发达国家开始放松经济管制，并掀起了经济和金融自由化的浪潮，大大减少了要素、商品和资本在全球范围内自由流动的障碍。而世界各国经济体制的趋同减少了各国之间的生产要素和商品自由流动的体制障碍，为全球价值链分工打开了广阔的制度空间。

3.2.6 各国贸易和投资政策的自由化是其发展的制度保障

过去几十年，世界各国的贸易和投资政策的自由化不断加强，贸易壁垒和投资壁垒不断被削减。在全球价值链分工当中，中间产品不断进出众多国家的海关，因而关税和非关税壁垒影响着全球价值链分工的发展。但是在过去的几十年当中，随着多边贸易体制的发展，各国贸易自由化不断完善，关税和非关税壁垒逐渐减少。当前，亚洲的加权平均关税已经下降到 10% 以下[114]，工业国制成品的加权平均关税已经下降到 2% 左右①。同时，发达国家不仅降低了关税，而且更大幅度削减非关税壁垒，总体来说，发达国家更大幅度削减了贸易壁垒。

全球价值链分工的发展同样离不开各国投资政策的自由化。20

① 资料来源：联合国商品统计数据库：http：//unstatas. un. org/unsd/comtrade/.

世纪 90 年代，诸多发展中国家为了吸引外资，逐渐取消了限制外商直接投资的政策，并制定和实施了很多招商引资的优惠政策或法规，放宽了外商直接投资的市场准入口径，推动了发展中国家加工贸易的迅速发展，使发展中国家能够较快地融入全球价值链分工当中。可以说，各国贸易和投资政策的自由化为全球价值链的发展提供了制度保障。

3.2.7　多边贸易体制的建立和健全是其运行的规则

第二次世界大战以后，世贸组织（WTO）的发展推动了全球范围内贸易和投资的自由化，为全球的贸易和投资提供了较好的制度保障。世界各国积极加入 WTO 当中，截至 2013 年 3 月，WTO 已经有 159 个成员方。与此同时，地区贸易协定的签订也在不断增加，根据 WTO 的统计数据，截至 2013 年底，全球正在执行的区域贸易协定有 262 个。① 随着经济全球化的迅速发展，全球化体制的核心逐渐成为推动投资自由化和保障投资利益。如今，国际投资协定的制定也在转变当中。截至 2012 年，国际投资协议（IIAs）达到了 3196 项。如今，考虑到国际投资协定的制定规则和本国经济的可持续发展，各国和地区逐渐青睐双边投资协定（BITs）。到 2013 年底，全球的 2857 项双边投资协定当中有超过 1300 项双边投资协定可以达到他们的“随时终止阶段”。世界各国和地区在 2012 年签订了 20 个双边投资协定和 10 个含有投资条款的其他国际协定，如一体化协定和经济合作协定等。[115] 目前，至少有 110 个国家和地区参与了 22 个区域投资协定的谈判，因而，区域投资合作也逐渐受到各国的欢迎。② 可以说，多边贸易体制的建立和健全，使贸易投资协定不断增加，为全球价值

① 资料来源：WTO：http：//rtais. wto. org/UI/PublicAllRTAList. aspx.

② 资料来源：2013 年世界投资报告［EB/OL］. 联合国贸易和发展会议 . http：//unctad. org/en/PublicationsLibrary/wir2013_en. pd，2014 -04.

链分工的发展提供了运行规则。

3.3 全球价值链分工的特征

3.3.1 空间布局上有在全球加速延展的态势

在当前全球经济治理的结构下，世界各国的技术和资本等要素可以自由流动，因而，各国的资本回报率出现趋同化。但是，全球的劳动力跨境流动却存在很多障碍，使不同国家的劳动工资水平差异较大。为了追求更加廉价的经营成本，跨国公司把一些不具有竞争优势或者低附加值的生产环节转移到不同的国家或地区，从而产生了国家之间的水平分工或垂直分工。近几年，由于受到国际分工深化和信息技术进步等多重因素的影响，全球价值链环节在空间布局上呈现全球加速延展的态势。因而，一个国家产业结构的变动或导致周边国家或地区产业结构随之发生变动，同时，周边国家产业结构的变化也影响本国的产业结构。随着经济全球化的发展，处于同一价值链或者同一区域的各个国家的产业结构相互连接并相互依存，形成了一个动态的跨国区域整体，从而出现了国际性区域产业结构的关联互动、整体性演化和国际协调性产业政策。

3.3.2 领导者与被领导者的角色分明

从国际分工地位的角度来看，全球价值链的各个环节之间存在着较为明显的高低层次性，领导者与被领导者的角色较为分明。其中，发达国家或地区占据着全球价值链中的高端要素的优势地位，牢牢控制着全球价值链的中高端环节，在全球价值链中拥有明显的竞争优势，在全球价值链的治理结构中扮演着领导者的角色，而广大发展中国家或地区只能从事全球价值链的低端环节，在全球价值链的治理结构中处于从属地位，扮演着被领导者的角色。这种鲜明的领导者与被领导者的角色分工，使发达国家能够获取全球价值链分工当中的主要收益，充分享受领导者所拥有的权利，而发展中国家只能在全球价值链分工当中获取较少的收益，忍受被领导者这一角色的境遇。但是，发展中国家为了摆脱这种被动的困境，不断提高本国的科学技术和生产力，尽力将其参与全球价值链分工当中的环节向全球价值链两端延伸，试图提高在全球价值链分工当中的地位，改变被领导者的这样一种角色，而发达国家也在尽力控制发展中国家在全球价值链当中的被领导的地位，努力维护其在全球价值链分工当中领导者的角色。

3.3.3　比较优势仍是分工的基础

世界各国参与全球价值链进行国际分工的基础仍然是比较优势。全球价值链分工是一种要素合作型分工模式，一国所拥有的要素禀赋决定了该国在全球价值链分工当中的地位和作用。在经济全球化的背景之下，技术、资本、高级劳动力和管理等高级生产要素的流动性较高，并且较为稀缺，而一般加工型的劳动力具有较低的流动性，并且较为丰富。要素的稀缺程度决定了该要素能够获得的收益。由于发达国家能够拥有较为稀缺且流动性较强的高级要素，因而发达国家在高级要素方面具有比较优势，发展中国家具有较为丰富且流动性较弱的低级要素，因而发展中国家在低级要素方面具有比较劣势，这就导致了发达国家和发展中国家在全球价值链分工的收益是不均衡的。不同国家根据本国的比较优势来决定占据全球价值链当中的特定环节，从而各个国家之间可以在同一个价值链上进行不同环节的分工。其中，发达国家和地区具有技术和资金等比较优势，占据全球价值链的高端环节，而发展中国家或地区具有劳动力、资源等比较优势，主要占据全球价值链的低端环节。因而，从上述的国际分工格局来看，全球价值链分工是符合比较优势原理的。

3.3.4 贸易结构有不断高级化的发展趋势

尽管发展中国家一般从事全球价值链当中的低端环节，但是随着广大发展中国家资本和技术的不断进步，可能会在出口中出现最终产品的交换，因而形成出口贸易结构的高级化特征。从地区分布上来看，跨国公司把高新技术产业转移到发展中国家，使发展中国家出口的技术密集型产品的出口不断增加，其中，东北地区的服务贸易增加得最为明显；从行业结构上来看，在全球价值链分工模式下，国际服务贸易当中传统的旅游业和运输业的贸易比重不断下滑，而新兴服务业如保险、金融、信息和电信等贸易在国际贸易中所占的比重不断增加。根据海文和赵达（2007）的研究，发展中国家出口增长最快的不只是服装、玩具等传统的劳动密集型产品，还有电信、电子等通常只有发达国家才具有竞争优势的产品，而且在发展中国家出口的工业品中，其资本和技术密集型产品的出口增长率最高。[116]

3.3.5 利益分配具有复杂性

全球价值链分工在利润分布当中呈现出不均衡性的特点，主要利润分布在全球价值链的研发设计、品牌和营销这两个高端环节，次要利润分布在加工生产这个中间环节。由于发达国家凭借其技术、资本和营销网络等生产要素占据着全球价值链的高端环节，获取较多的收益，而发展中国家凭借着低廉的劳动力只能处于全球价值链当中的低端环节，其收益较少。发达国家凭借着在全球价值链当中的主导地位，以及其先进的技术和规模优势掌控着全球价值链的高附加值、高利润环节，并利用外包等形式把低利润、低附加值、高耗能和高投入的生产组织环节转移给发展中国家，从而达到控制全球价值链的目的。尽管发展中国家通过融入全球价值链当中的不同生产环节积极参与国际分工，获取了一定的经济利益，但是发达国家通过控制价格，侵占了处于价值链低端环节的发展中国家的经济利益，致使发达国家、发展中国家以及新兴经济体之间的利益分配呈现出明显的不公平性。

3.4　全球价值链分工与国际贸易摩擦的产生机制

3.4.1　全球价值链分工对国际分工的影响

（1）改变了主导分工的主体。

在传统的国际分工体系中，各国政府对国际分工范围和国际分工模式起着决定性的作用，一直是国际分工的主体，国内企业需要按照政府的政策要求完成具体的生产任务，对本国政府政策不具有或是很少有重大影响。然而，在当今的国际分工体系中，政府主导国际分工的色彩在淡化，一国政府已不能完全决定本国企业参与国际分工的模式和范围，尤其是在市场经济体系较为完善的国家，政府对经济的直接影响作用在不断下降，而企业特别是跨国公司已经成为国际分工的主导者，其核心表现是大型跨国公司愈加倾向于狭隘的知识密集型与专业化和非有形化的职能上，掌控创造利润多且具有战略意义的环节（如产品设计、研究和开发、管理服务、营销和品牌管理）并保持在这些环节上的垄断地位，而把不具有战略意义且创造利润少的环节分包给世界各地的独立公司和合同制造商。

在当代，全球化运作的跨国公司把生产分工深化到价值链的各个环节点，使跨国公司成为全球价值链的载体，更是当今国际分工的主导力量和微观基础，跨国公司主导国际分工的色彩在加强，生产什么、生产多少、如何生产都要听从跨国公司的“指令”。对于跨国公司来说，重要的是分散于世界各地的各个分支机构在全球价值链中的确切位置，而其国别归属已经不再重要。全球价值链分为三个环节：第一个环节是技术环节，主要包括研究与开发、创意设计、生产及加工技术的提高和技术培训等；第二个环节是生产环节，主要包括后勤采购、系统生产、母板生产、终端加工、质量控制、测试、包装和库存管理等；第三个环节是营销环节，主要包括批发及零售、销售后勤、广告及售后服务等。[117]这三个环节从增值能力的角度来看，呈现出从高到低再转向高的“U”形态势，所以从生产制造环节向研发和营销环节转移标志着增值能力和分工地位的提高。其中，生产环节可以分为上游生产（母版及中间投入品生产）和下游生产（终端加工），接近于上游生产的环节与技术研发的相关性比较强，因此其增值能力比较强，这正是众多国家竞争跨国公司研发中心和地区总部的重要动因；而接近于下游生产的环节与技术研发的相关性比较弱，因此其增值能力比较弱，这一特点决定了其在跨国公司体系中地位和角色的可替代性和次要性。

根据联合国贸易和发展会议发布的《2012 年世界投资报告》中的数据，2011 年跨国公司的国际化生产进一步提升，跨国公司的外国分支机构在世界各地雇佣的员工总数约为 6900 万，创造销售额为 28 万亿美元，附加值为 7 万亿美元，比 2010 年高出 9%。① 作为生产创新和技术创新的主体，跨国公司的“无国界生产”把原来的国家间比较优势分工转变为跨国公司内部安排的不同国家间的分工，其中既有垂直分工，也有水平分工，同时，为了实现企业内部资源的优化配置，跨国公司按照不同时期的不同情况，对世界各地的分工进行不同的安排，从而使跨国公司成为集技术密集型、资本密集型与劳动密集型于一体的综合生产者。由此可见，跨国公司的安排已经成为当今国际分工的安排，跨国公司已经取代了各国政府成为国际分工的主体。

---

① 资料来源：2012 年世界投资报告［EB/OL］. 联合国贸易和发展会议 . http：//www.unctad-docs. org/files/UNCTAD-WIR2012 – Overview-cn. pdf，2012 –6.

（2）改变了国家间经济联系的形式。

在过去非全球化的背景下，虽然跨国公司的生产因为跨越国界而具有世界性，但是由于这些分散于世界各地的子公司、分公司在国外生产的产品主要是返销给母国或者是供应东道国市场，因而世界各个国家之间的生产过程没有内在的生产联系。只有最终产品才会发生国际分工，所以国际分工的唯一途径就是国际贸易。然而，随着经济全球化的迅猛发展，跨国公司得到了蓬勃发展，当其进入区域一体化甚至经济全球化的发展阶段时，分布于全球各地的子公司不再是仅与母公司发生联系或者是独立运营，而是与母公司及其他子公司保持着高度一体化的联系。按照不同区位建立要素密集度之上的比较优势，跨国公司把各国作为生产车间在全球范围内进行产业布局，把同一产品的生产和服务环节等不同工序分布在世界各地，对生产和其他职能活动进行更为精密的专业化分工。每一个跨国公司的服务对象不再是分散而独立的某个海外市场，而是整个跨国公司体系所拥有的区域市场甚至是全球市场。因此，跨国公司内部的技术、人员和产品分布在全球子公司之间的跨国界流动性程度更为强大，分工联系更加紧密，跨国公司分支机构的活动为世界各国的生产过程建立起有机的内在联系，国家之间经济联系的形式由原来的“贸易”关联转变为“生产”关联；世界经济体系的联系由传统的“贸易的全球化”转变为“生产的全球化”。然而这里的生产并非狭义的制造过程，而是广义的增值过程。在制造业领域当中，这种增值过程包括研究与开发、制造、销售、售后服务等环节；在服务领域，增值过程则贯穿于服务所提供的全部阶段。这种一体化的生产体系使核心跨国公司或者跨国垄断巨头加强了对特定产业或者特定部门的控制，国际分工跨越了产业和国家的界限，转向了产品内部和企业内部。

（3）改变了国家间经济联系的性质。

全球价值链分工改变了传统的产业间分工、推动了产品内分工，产品工序之间的分工和产业链开始慢慢成为国际分工的主流，并促进了全球化要素的优化配置。这是由于任何一个国家或者企业都无法拥有所有的资源和生产要素，因此，必须集聚其他国家和地区的资源来扩大生产、提高本国居民的生活水平。如果一国的企业在全球价值链分工当中的每个环节都能够配置最优资源，那么国际分工的节点就从产品转为要素，全球价值链分工体系越专门化，那么中间产品的专业化程度越高，中间产品就越表现为一种投入要素，也就是说中间产品作为一种要素投入，对生产过程而言，其实质就是与他人合作的过程。在全球价值链分工当中，每个国家的企业根据自己的核心竞争能力和资源优势，集中精力在全球价值链当中的某一个工序或者环节[118]，进而在全球价值链分工当中获得利益和市场份额。随着经济全球化的发展，尽管一国不能拥有完整的工业体系，但是全球价值链分工可以使一个国家或跨国公司的生产融合到全球生产体系当中，并通过集聚全球化要素来完成同一产品的生产，即一个产品的研发、生产、销售等过程是由不同国家的不同企业来完成的。

目前，外包已是全球价值链分工的一种重要合作方式。外包是指企业为了降低成本、提高效率、充分发挥各自比较优势，把原来内部完成的一些活动转移给外部企业去完成的资源配置的方式。全球价值链上的任何环节和活动基本上都可以进行外包。目前，欧美等发达国家中有超过半数的企业把一些非主流的业务外包给发展中国家等外国企业。例如，美国花旗银行把单据的打印和装订业务外包给新泽西专业服务公司，新泽西专业服务公司又将这一业务外包给印度公司，印度公司又将其外包给中国公司。在当今的全球价值链分工体系当中，以欧美为代表的发达国家控制或垄断了大量的研究与开发、设计等具有战略意义且创造利润多的环节，而把一些低附加值的业务外包给中国、印度等发展中国家，昔日发达国家与发展中国家之间的“中心”和“外围”的依赖关系，变成了“发包”与“承包”、“创造”与

“制造”、“高端”与“低端”、“控制”与“被控制”、“老板”与“打工者”的关系。

（4）改变了利益分配机制。

随着国际分工形式主要体现为全球价值链分工，国际分工的利益分配也不再取决于进出口商品的数额、种类、产品产地以及企业产权等因素，而是取决于一国在分工中地位的高低，也就是说，取决于一个国家依靠哪些要素参与了何种层次的国际分工，以及该国对整个价值链的控制能力有多大。一个国家在国际分工中所处的地位主要表现在该国在全球价值链分工中处于何种价值链环节，如果该国所占据的价值链环节具有较高的附加值，如营销和技术环节，那么该国在国际分工中就处于优势地位。[119] 1992 年，宏碁电脑的董事长施振荣先生提出了著名的微笑曲线，描述了产业链上各个环节附加价值的形态：微笑曲线的两端分别是研发和品牌等，代表高附加值；中间最低点是加工、制造，意味着低附加值（见图 3－1）。[120] 也就是说，在价值链两端的研究与开发、设计、品牌、采购、金融、物流、营销等环节的附加值和盈利率较高，而中端的加工、制造和组装等环节的附加值和盈利率较低。

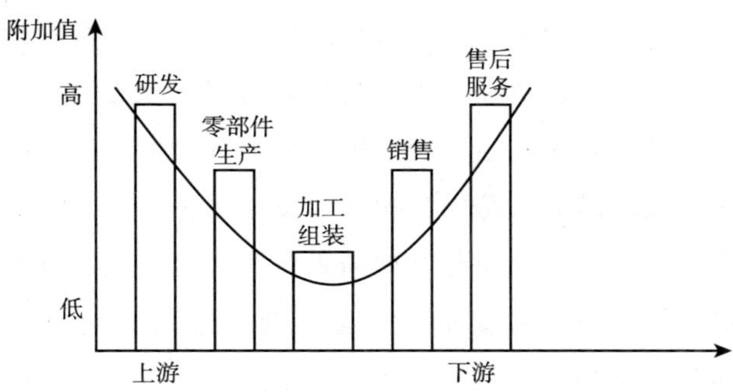

图 3－1　价值链各环节增值的“微笑曲线”示意

因此，一国或地区国际分工地位的提升主要是通过凭借其特定要素的比较优势参与全球价值链或提升本国或本地区在产品工序所处的地位和能力。一个国家或地区的资本、技术和人力资本等高级要素比较丰富，那么该国或地区就能够处于国际分工环节的价值链高端位置，从而在国际价值的创造和分配中处于有利地位，进而获得较多的利益分配；如果一个国家或地区只拥有简单劳动力等初级要素，那么该国或地区只能被动地处于国际分工环节的价值链低端位置而接受国外高级要素的整合，从而在国际价值的创造和分配中处于不利地位，进而获得较少的利益分配。

目前，在以跨国公司为主导的全球价值链分工中，发达国家和地区的品牌制造商掌握着核心的价值链环节，获得较多的贸易利益。这些发达国家和地区一方面通过全球外包和原产地委托制造或贴牌（OEM）等非股权投资方式把加工环节外包给具有成本优势和质量优势的发展中国家的分包商和制造商，与此同时，通过合资或独资的形式在发展中国家设立加工分支机构，在总部统一的技术和管理控制下进行面向当地或者是全球的生产，并通过公司内贸易来及时供应部件，另外，当地大量的供应商还为子公司提供配套的服务。但是，发展中国家或地区的合同商的能力都是很有限的，常常是为一家主导厂商服务，主要是负责价值链低端的加工制造环节，而发达国家或地区的企业常常主导着资产专业化程度较高等提高能力升级的路径。发达国家或地区的主导企业掌控着销售渠道、市场规则、产品标准和核心技术，掌控着价值的创造和实现的过程，而把非核心生产加工环节采用虚拟一体化的方式转移给发展中国家或地区的生产厂商或实行全球采购，这样，发达国家的跨国公司既可以利用全球范围内生产环节的低成本要素优势，又可以充分发挥高级要素优势，创造技术领先的核心竞争优势，从而取得较高的附加值，获得较高的利润分配。[121] 例如，鞋业的耐克（Nike）和计算机业的戴尔（Dell），这些发达国家的品牌商仍然控制着产品最终价值的形成，能够获得较多的利润分配，而为这些品牌商提供支持和配合的发展中国家的合同制造商只能够处于该产业的加工制造等低附加值环节，只能获得较少的利润分配。

（5）改变了国际竞争的焦点。

由于在全球价值链分工中一国或地区获得利益分配的多寡取决于该国或地区在分工中地位的高低而不是国际贸易量的多少，因此各国和地区尤其是发达国家和地区在进行产业升级时总是倾向于向价值链两端延伸，以获得对分工主导权的维护和争夺。经济学家郎咸平将其总结为“6 + 1”理论，即发达国家掌控着产品的研究与开发、设计、原料采购、仓储运输、订单处理、批发经营和终端零售等六块非制造业（即“6”），而把那些破坏环境、浪费资源的附加值最低的制造业一端（即“1”）放在了发展中国家。[122] 其中，“6”是“软”的生产环节，“1”是“硬”的生产环节，在这种“6 + 1”价值链的形式下，发达国家占据价值链的最高端，而发展中国家沦落到价值链的最低端。以“芭比娃娃”为例，芭比娃娃在中国东莞的出厂价格是 1 美元，但是在美国沃尔玛超市的零售价是 9.9 美元。除了制造成本价值 1 美元以外，剩下的 8.9 美元的价值是由产品的研究与开发、设计、原料采购、仓储运输、订单处理、批发经营以及终端零售环节创造出来的，这些环节不但能够创造出较高的价值，而且不剥削劳工、不破坏环境、不浪费资源。由此可见，中国在芭比娃娃的制造链环节中被定义在了“1”，也就是价值链最低端，而发达国家控制了“6”。这样的分工格局导致以中国为代表的发展中国家的制造业始终处于价值链的低端位置，充当为发达国家打工的角色，为发达国家“卖苦力”，难以创新和升级，更难以摆脱“1”的命运。

因此，国际分工已经到了全球价值链分工的时代，发达国家、发展中国家和新兴经济体都在积极整合本国的价值链，并将产业链向全球价值链的两端延伸，努力占据微笑曲线两端的研究与开发、设计、技术咨询、营销网络、广告品牌等高附加值核心环节，并在关键环节上构筑核心能力，使这一能力扩散到整个产业链，实现核心能力的链式效应，以维护和争夺分工主导权，获取更多的利益。

3.4.2 全球价值链分工的利益分配的矛盾与冲突

3.4.2.1 全球价值链分工下的利益增进

（1）全球价值链分工下发达国家的利益增进。

在全球价值链分工模式中，发达国家利用其在研究与开发环节、销售环节、产品售后服务等环节的比较优势，把生产环节分割在不同的国家和地区，这样发达国家就能集中精力于最终产品的研发环节、销售环节和产品售后服务等环节，而把零部件的生产加工等附加值率比较低的环节转移给发展中国家，通过专业化和规模化经营进行全球供应和全球经营，强化了发达国家的生产供应能力，甚至使发达国家控制了价值很高的市场份额，在产业价值链分配中处于更有利的位置。因此，发达国家能够占据具有较高的附加值率的价值链环节，主导全球价值链分工并占据着分工所创造的绝大部分收益。具体而言，发达国家通过整合和控制全球价值链，可以获取两个方面的收益：

一是获取“经济租”。随着经济全球化进程中要素收益率的降低，进入壁垒成为“租”产生的一个重要因素。进入壁垒较高的环节能够产生比较高的“经济租”，但是竞争激烈的低进入壁垒环节，由于“经济租”会慢慢耗散，因而收益不能够持续。[123] 由于发达国家控制着全球价值链的高端环节，而这种高端环节具有高资本需求、高技术需求等特征，因而进入壁垒非常高，控制着全球价值链高端环节的发达国家可以获取较高的“经济租”，而由发展中国家所嵌入的加工组装等低端环节的进入壁垒非常低，所以竞争比较激烈，很难获取“经济租”。

二是获取“生态收益”。由于发达国家所掌控的全球价值链高端环节的要素需求主要集中于技术、资本和人才等领域，不会像加工组装环节那样需要大规模的土地、石油、水电等资源能源生产要素，更不会造成“三废”排放，因此不会对本国的环境造成污染，能够改善地区的生态环境，实现低碳发展。

（2）全球价值链分工下发展中国家的利益增进。

全球价值链分工也为发展中国家提供了快速融入全球生产体系的发展机遇，对发展中国家出口能力和出口结构的提升、企业成长和产业结构升级、诱发性和强制性制度变迁效应等方面产生了巨大影响。具体而言，发展中国家通过嵌入全球价值链可以获取以下收益：

一是提升出口能力。在全球价值链分工下，跨国公司逐步将产品价值链在全球范围内进行分段设置，这样跨国公司就可以利用发展中国家廉价的劳动力，把半制成品式的中间产品转移到发展中国家或者地区来进行加工组装，然后出口到其他国家或者地区进行进一步的加工或消费。这种国际分工模式令发展中国家的出口能力得到了提升，出口结构得到了改善，促进了发展中国家的出口繁荣和贸易繁荣。根据WTO的统计，从20世纪80年代以来，发展中国家和转型国家的年均出口增长率持续增长，1980～1990年发展中国家的年均出口增长率为3.12%，转型国家为3.7%，发达国家为7.21%；1990～2000年各类国家年均出口增长率分别为9.09%、6.42%和5.86%；2000～2005年各类国家年均增长率则又分别提高到14.41%、19.87%和9.53%；均高于同期发达国家的出口增长率。与此相对应，发展中国家在世界出口中的比重也在迅速提高。2006～2009年随着世界经济形势特别是全球金融危机的暴发，发展中国家的商品出口呈现了下降趋势，但是2010年发展中国家的商品出口增长率达到了28.39%，转型国家为30.11%，发达国家为16.46%，发展中国家出口增长率恢复最快，2012年各类国家的年均出口增长率分别为4.13%、1.61%和－2.67%（见表3－2）。随着全球价值链的不断深化，出口贸易的持续繁荣，出现了越来越多被克鲁格曼（Krugman，1995）称为“超贸易经济体”（super trading economies，即出口依存度超过50%）的国家或地区，如新加坡、马来西亚、比利时、爱尔兰、荷兰、菲律宾、中国、泰国等国家以及中国香港特别行政区。

表 3-2　1980～2012 年各类国家商品出口年均增长率　单位：%

年　份	世界	发展中国家	转型国家	发达国家
1980～1990	5.98	3.12	3.7	7.21
1990～2000	6.75	9.09	6.42	5.86
2000～2005	11.43	14.41	19.87	9.53
2004	21.53	26.73	36.30	18.30
2005	13.86	21.75	28.79	8.89
2006	15.48	19.58	25.49	12.44
2007	15.61	16.47	21.11	14.72
2008	15.18	18.88	34.02	11.51
2009	-22.24	-20.55	-35.38	-22.35
2010	21.73	28.39	30.11	16.46
2011	19.87	22.67	33.22	16.68
2012	0.45	4.13	1.61	-2.67

资料来源：UNCTAD Statistic：http：//unctadstat.unctad.org/TableViewer/tableView.aspx? ReportId=102.

二是促进企业成长和产业结构升级。全球价值链分工带动了全球外包模式的出现，价值链的深度切割使外包商和供应商之间的关系变得更加细微，价值链全球化最终形成了跨国公司的外包网络和价值链“片段”的地理集聚，企业的成长和产业升级也融入产业价值链的全球化过程。当企业向价值链的高端环节跃迁或者其分布层次得以提升，是企业由低附加值、低技术状态向高附加值、高技术状态的演变，也是企业成长和产业结构升级的过程。在这一过程当中，全球价值链为发展中国家的企业提供了在现有的技术水平和竞争能力上参与国际分工、进入国际市场的机会，促使发展中国家的企业扩大生产规模，获得规模经济利益；不断变化和更新的产品技术和设计帮助发展中国家的企业学习和提高自身产品的创新意识和能力；全球价值链的信息共享机制和紧密合作关系所产生的知识外溢效应和扩散效应帮助了发展中国家的企业提高技术水平和学习先进的管理知识。

联合国贸发会议利用统计检验，从实证的角度证明 FDI 的流入和其出口产品的技术密集度高度相关，结果表明，发展中国家人均 IFDI 增加 1%，高技术产品出口增加 0.78%，中技术产品出口增加 0.39%，低技术产品出口增加 0.31%。这一结果表明，跨国公司不仅对发展中国家的出口起着重要的推动作用，更促进了发展中国家的技术升级。[①] 因此，发展中国家的企业成长和产业升级与全球价值链有着密切联系，本书用图例来表明发展中国家的企业成长、产业升级与全球价值链体系之间的动态关系（见图 3－2）。

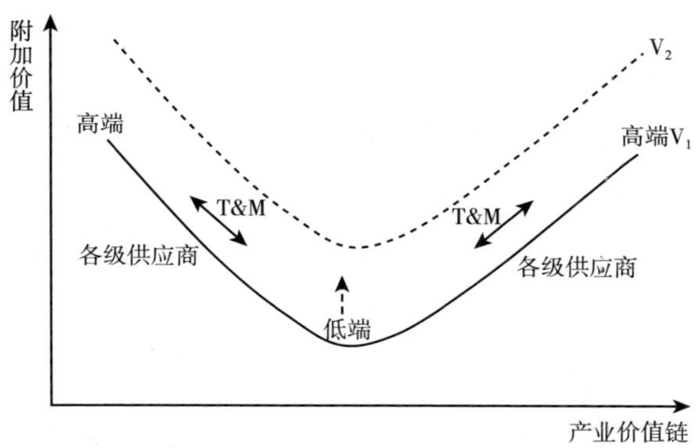

图 3－2　企业成长与全球价值链的动态演变示意图

注：V_1表示原来的价值链，V_2表示提升后的价值链，T&M 表示 Technology and management，即技术和管理。

发达国家的发包商一般占据着产业价值链的高端，位于价值链低端的一般是为发包商提供服务的发展中国家的代工厂商，其他各级供应商分布在价值链的中间层次。一般来说，发达国家的发包商的管理经验和技术对各级供应商会有不同程度的外溢效应，而且发包商也会从专业化的各级分包商获得大量有价值的创新，这是全球价值链体系内的技术外溢效应和创新的传递机制使产业价值链具有整体的成长性，即全球价值链的各个环节的附加值提高了，从图 3－2 中我们可以看到产业价值链从 V_1上升到 V_2，与全球价值链相关联的企业也随

① 资料来源：UNCTAD. World Investment Report 2002.

之实现了系统性升级。

三是获取诱发性和强制性制度变迁效应。全球价值链分工不仅可以通过影响发展中国家的技术、资本等生产要素的供求状况来直接或间接地影响经济发展，还可以通过诱发机制和强制机制来影响发展中国家的市场机制、体制改革、消费习惯甚至人们的思维方式和思想观念，从而推动发展中国家的制度变迁，进而促进发展中国家的经济增长。

目前，在经济全球化的背景下，融入全球价值链分工体系是发展中国家的必然选择，这就要求发展中国家具有相对健全的市场体系，按照市场经济规律和国际惯例来从事生产经营活动。因此，发展中国家必须调整本国的金融、贸易、要素流动、市场准入等经济法规、政策等，对金融体制、财税体制、外汇管理体制、外贸体制、投融资体制、价格管理体制等方面进行改革，才能更有效地嵌入全球价值链分工所创造的良好制度环境之中。另外，随着外贸业务量的增加和 FDI 的大量进入，使发展中国家加快了体制改革的步伐，完善市场机制，转变政府职能，推动机制变迁，以完善当地市场竞争的公平性、提高政府工作效率和透明度、进一步完备法律法规。全球价值链分工也使发展中国家加强了生产网络内企业之间的互动交流和生产学习，令当地企业自主进行改革创新，从而产生诱发性制度变迁；在与境外企业合作的过程中，外方强制性要求当地企业进行符合市场经济运行方式的变革，进而产生强制性制度变迁。

四是增加资本、扩大投资。在产品内部的全球价值链分工中，参与国在产品的研发、设计、生产制造、营销等各个阶段都发生生产联系，发展中国家参与国际分工的产业优势覆盖面越来越广泛，加之制定了许多招商引资政策，吸引了很多跨国资本。根据 IMF 的有关数据，1980～1990 年，新兴市场和发展中经济体的净私人资本流动量为 1796.3 亿美元，净私人投资组合流动量为 285.6 亿美元，其他净私人资本流动量为 188.3 亿美元，净官方资本流动量为 2413 亿美元；

其中，亚洲发展中经济体的净私人资本流动量为 1652.1 亿美元，净私人投资组合流动量为 81.9 亿美元，其他净私人资本流动量为 1106.0 亿美元，净官方资本流动量为 374.5 亿美元；中东和北非净私人资本流动量为 -785.8 亿美元，净私人投资组合流动量为 281.2 亿美元，其他净私人资本流动量为 -1111.6 亿美元，净官方资本流动量为 107.3 亿美元。相应的，1990 ~ 2000 年，新兴市场和发展中经济体的各项资本流入量分别为 11424.4 亿美元、1406 亿美元、-521.4 亿美元和 1877.8 亿美元；其中，亚洲发展中经济体的各项资本流入量分别为 4264.7 亿美元、388 亿美元、-594.6 亿美元和 773.5 亿美元；中东和北非的各项资本流入量分别为 1734.8 亿美元、-191.4 亿美元、1377.4 亿美元和 -375.4 亿美元。2000 年以后，虽然新兴市场和发展中经济体的资本流入情况上下波动，但总体呈现上升趋势。2012 年，新兴市场和发展中经济体的净私人资本流动量为 2682.6 亿美元，净私人投资组合流动量为 1330.1 亿美元（见表 3-3）。由此可见，发展中国家通过参与全球价值链分工，资本流入量不断增加，为本国经济发展提供了大量资本。

在国际资本的全球流动中，跨国公司对发展中国家的投资增加了东道国的资本流量和存量，且给东道国带来投资乘数效应，促进发展中国家的经济增长。1990 年初，全世界共有 3.7 万家跨国公司，17 万家海外分支机构，其中 3.35 万家的母公司位于发达国家。2004 年底，全球跨国公司总数达到了 7 万家，海外分支机构至少达到 69 万家。[①] 2011 年，跨国公司的外国分支机构在世界各地雇用的员工总数约为 6900 万，创造销售额 28 万亿美元，比 2010 年高出 9%。[②] 跨国公司的分支机构有将近一半落户在发展中国家，促进了发展中国家的经济发展。根据国际货币基金组织统计的数据，自 1980 年以来，亚

① 资料来源：联合国贸发会议（UNCTAD）报告．2005 世界投资报告：13.

② 资料来源：2012 年世界投资报告［EB/OL］．联合国贸易和发展会议：http://www.unctad-docs.org/files/UNCTAD-WIR2012 - Overview-cn.pdf.

表 3 – 3　　1980 ~ 2012 年新兴市场和发展中经济体资本流入情况　　单位：十亿美元

年　份	新兴市场和发展中经济体				亚洲发展中经济体				中东和北非			
	净私人资本流动	净私人投资组合流动	其他净私人资本流动	净官方资本流动	净私人资本流动	净私人投资组合流动	其他净私人资本流动	净官方资本流动	净私人资本流动	净私人投资组合流动	其他净私人资本流动	净官方资本流动
1980 ~ 1990	179.63	28.56	18.83	241.30	165.21	8.19	110.60	37.45	-78.58	28.12	-111.16	10.73
1990 ~ 2000	1142.44	140.60	-52.14	187.78	426.47	38.80	-59.46	77.35	173.48	-19.14	137.74	-37.54
2000 ~ 2005	1008.03	71.45	-168.16	-305.51	441.00	36.12	-6.18	-50.22	42.57	28.69	-91.19	-237.79
2004	267.72	68.80	7.01	-94.49	161.27	38.73	54.21	-18.15	32.72	23.19	-8.05	-73.65
2005	316.01	37.99	-15.22	-88.16	128.40	15.98	-19.52	-1.74	-2.30	-3.55	-34.70	-30.46
2006	314.74	-28.51	39.54	-188.85	94.44	-45.12	7.93	3.47	13.37	-3.86	-27.76	-88.78
2007	694.37	108.63	144.98	-84.28	204.99	68.43	-38.71	6.31	72.34	-8.25	31.65	-79.21
2008	264.47	-61.94	-158.41	-104.19	80.37	9.73	-98.94	-5.72	38.37	3.77	-24.81	-106.65
2009	337.07	124.77	-104.66	100.62	192.30	57.77	30.49	24.53	90.27	37.41	-11.13	-68.56
2010	604.70	240.79	-28.11	62.82	407.41	101.16	82.56	23.07	28.21	44.58	-54.02	-73.75
2011	503.03	129.75	-89.14	-108.31	302.65	41.58	43.18	14.93	-16.76	45.13	-88.59	-182.62
2012	268.26	133.01	-258.57	-51.77	113.31	42.36	-95.99	7.60	-22.32	53.59	-105.22	-143.88

资料来源：根据 International Monetary Fund，World Economic Outlook Database，October 2012 数据整理所得：http：//www. imf. org/external/pubs/ft/weo/2012/02/weodata/weorept. aspx? sy = 1980&ey = 2012&scsm = 1&ssd = 1&sort = subject&ds = . &br = 1&c = 001%2C110%2C200%2C505%2C406&s = BFXP%2CBFPP%2CBFOP%2CBFXG&grp = 1&a = 1&prl. x = 30&prl. y = 16.

洲、非洲等发展中国家和新兴市场都进入了快速发展时期，发达经济体 GDP 增长率为 0.963%，新兴市场和发展中经济体 GDP 增长率为 3.826%，亚洲发展中经济体 GDP 增长率为 5.859%，中东和北非经济体增长率为 -1.858%；到了 2012 年的经济增长率分别为 1.291%、5.279%、6.671% 和 5.269%，发展中经济体的 GDP 增长率明显快于发达经济体（具体见表 3-4）。

表 3-4　　1980~2012 年各国 GDP 增长率情况　　单位：%

年份	世界	发达经济体	新兴市场和发展中经济体	亚洲发展中经济体	中东和北非
1980	1.862	0.963	3.826	5.859	-1.858
1981	2.243	1.977	2.833	5.832	2.53
1982	0.705	0.224	1.757	5.568	1.331
1983	2.785	3.124	2.031	6.993	2.727
1984	4.939	4.941	4.934	7.854	3.565
1985	3.943	3.877	4.088	6.823	2.788
1986	3.454	3.327	3.734	6.116	-1.317
1987	3.778	3.612	4.146	7.248	-0.015
1988	4.519	4.79	3.911	9.034	-0.638
1989	3.834	4.024	3.406	6.058	4.354
1990	3.271	3.212	3.406	5.421	8.045
1991	2.192	1.454	3.824	6.073	6.916
1992	2.23	2.208	2.27	8.857	4.987
1993	2.166	1.537	3.28	9.068	1.802
1994	3.396	3.426	3.342	9.323	2.541
1995	3.268	2.829	4.046	8.892	2.089
1996	3.768	2.982	5.141	8.442	5.095
1997	4.092	3.471	5.159	6.387	4.556
1998	2.578	2.582	2.572	3.579	4.307
1999	3.612	3.643	3.558	6.286	2.343
2000	4.759	4.095	5.881	6.848	5.283

续表

年份	世界	发达经济体	新兴市场和发展中经济体	亚洲发展中经济体	中东和北非
2001	2.35	1.495	3.761	5.774	2.996
2002	2.874	1.738	4.699	6.826	3.797
2003	3.69	2.019	6.269	8.14	7.499
2004	4.874	3.087	7.516	8.519	6.211
2005	4.556	2.633	7.273	9.473	5.331
2006	5.254	3.029	8.248	10.302	6.276
2007	5.412	2.795	8.745	11.428	5.66
2008	2.801	0.055	6.103	7.916	4.539
2009	-0.574	-3.485	2.725	6.976	2.571
2010	5.137	3.012	7.447	9.513	5.025
2011	3.833	1.594	6.171	7.762	3.298
2012	3.278	1.291	5.279	6.671	5.269

资料来源：International Monetary Fund，World Economic Outlook Database，October 2012，http：//www.imf.org/external/pubs/ft/weo/2012/02/weodata/download.aspx.

五是增加就业、提高劳动力素质。发展中国家人口多、技术水平落后、人民收入水平低，存在着大量的剩余劳动力。在全球价值链分工体系中，发达国家把劳动密集型生产环节外包给廉价劳动力丰富的发展中国家，扩大了发展中国家的生产规模，带动了更多的劳动力就业。

20 世纪 60 年代以来，许多发达国家为了利用廉价劳动力，纷纷在新加坡建立工业企业进行加工装配或是制造部件。1968 ~ 1979 年，新加坡裕廊工业区的企业由 200 多家增加到 932 家，工人总数达到 8.2 万，推动了新加坡制造工业的发展，成为新加坡经济发展的重要动力，并快速改善了新加坡的就业状况。[124] 20 世纪 80 年代初期，墨西哥的客户加工企业（即出口加工企业）开始兴起。1988 年，墨西哥的客户企业已发展到 1450 家，就业人数 40 万；2000 年，墨西哥客户工业从业人员占全国加工工业的 27%；在北美自由贸易协定签订之前的1993年12月31日，在墨西哥注册的客户工业从业人员为54.66万人，到了2000年增加到128万人，增长了133.7%。[125] 1994~2001年，菲律宾出口加工区的雇员从22.9万上升到70.8万人。① 杰安萨库玛仁（Jayanthakumaran，2003）对中国、马来西亚、韩国、菲律宾、印度尼西亚和斯里兰卡的出口加工区进行了评估，其评估结果认为，出口加工区是上述六个国家的重要就业来源。[126]

虽然没有权威性专门数据来验证加工贸易（出口加工区）会如何影响发展中国家的就业状况，但从国际劳动组织统计的出口加工区及其他类似海关特殊监管区域数据和就业数据也可见一斑（见表3-5）。1975~2006年，出口加工区数量从25个增加到130个，类似出口加工区的特殊经济区域数量从79个增加到3500个，出口加工区数量的增加也改善了当地的就业状况，中国1997~2006年的就业人口从1800万人增加到4000万人，而其他国家或地区的就业人口从1975年的80万人增加到2006年的2600万人。由于发展中国家的出口加工区及其他海关特殊监管区占世界的2/3，且大多从事劳动密集型的生产加工，有非常大的劳动需求，因此发展中国家融入全球价值链分工中的加工组装环节，具有明显的就业创造效应。

表3-5　国际劳工组织统计的出口加工区的就业状况（1975~2006年）

年份	1975	1986	1997	2002	2006
出口加工区数量	25	47	93	116	130
类似出口加工区的特殊经济区数量	79	176	845	3000	3500
就业人口（百万）	—	—	22.5	43	66
其中：中国	—	—	18	30	40
其他国家的有效统计数据	0.8	1.9	4.5	13	26

资料来源：Jean-Pierre Singa Boyenge，ILO database on export processing zones（Revised），International Labour Office，Geneva，April 2007.

① 资料来源：2002年世界投资报告。

另外，全球价值链分工的加工环节紧密相连，参与国之间的技术交流和合作不可避免。为了使发展中国家能够生产出符合自己要求的中间产品，发达国家在把部分生产环节转移到发展中国家的同时也增加教育资金投入，对发展中东道国的人员进行培训，或是通过跨国公司内部的员工流动这一途径来增加国内企业员工的技能，帮助发展中国家搞好人力资源的开发。我国的加工贸易促进了我国人力资源的开发，提升了就业质量。据国务院发展研究中心“加工贸易政策”课题组的调研结果，在被调查的企业中，有93%的企业对员工进行了不同程度的培训，其中21.3%的企业提供出国培训的机会。我国的外资企业中来自国内的技术与管理人员几乎占有80%，这些员工和技术管理人员的流动有利地推动了技术与管理的外溢效应。

3.4.2.2 全球价值链分工下的利益减损

(1) 全球价值链分工下发达国家的利益减损。

虽然发达国家掌控着全球价值链分工，占据着全球价值链分工所创造的大部分收益，但是随着发达国家自身所存在问题的暴露以及新兴经济体和发展中国家经济实力的增强，发达国家在全球价值链分工中也会有一定的利益减损，具体如下：

一是发达国家对全球价值链分工的控制力下滑。虽然发达国家主导着全球价值链分工，但是随着发达国家的跨国公司对新兴经济体和发展中国家的投资，新兴经济体和发展中国家直接或间接地获取并掌握了先进的技术、管理经验、丰厚的资金等，创造力不断增强，新兴经济体和发展中国家在融入全球价值链的同时也试图向全球价值链中的高端环节延伸，发达国家对全球价值链分工的主导权面临着发展中国家特别是新兴经济体的挑战，新兴经济体的创新能力不断提升，逐步开拓产品的研发、销售等高附加值的生产环节，有动摇乃至摆脱发达国家对全球价值链分工控制的趋势，发达国家对全球价值链分工的控制力逐渐下滑，利益减损。

二是国际收支失衡。首先，发达国家为了获取资源最优配置，将传统的制造业以及高新技术产业的大规模的生产制造环节等转移到廉价劳动力丰富、产业配套能力较强、市场广阔的新兴经济体和发展中国家，发达国家的传统制造业在国民经济中所占比重越来越小，大量消费品和制造品严重依赖国外的进口，造成发达国家和发展中国家、新兴经济体的贸易失衡。其次，全球价值链分工促使跨国外包的发展和全球供应链的延长，世界各国对其比较优势进行了重组。发达国家主要向国际市场提供资本密集型产品和服务，这些产品和服务可以创造出新的出口优势和新的就业机会，发展中国家向国际市场提供劳动密集型生产和服务，拥有相对的出口竞争优势，然而，这两个周期通常不是同步的，当发展中国家的比较优势体现出来而发达国家的比较优势没能充分展现出来时，就会出现发达国家的经常项目逆差。1980 年以来，发达经济体的经常项目余额基本呈现逆差状态，2008 年发达经济体经常项目逆差达到最大值，为 4820.6 亿美元，之后有所缓和，但是 2012 年发达经济体的经常项目逆差又降至 1650.5 亿美元（具体见图 3－3）。最后，发达国家的资本大量流入发展中国家。发达国家为了获取廉价劳动力等低成本要素向发展中国家转移了许多生产活动，导致大量国际资本流向发展中国家和新兴经济体。

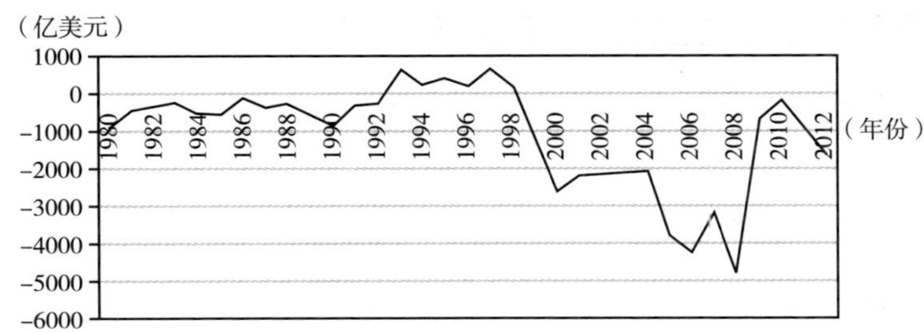

图 3－3　1980～2012 年发达经济体经常项目余额

资料来源：International Monetary Fund, World Economic Outlook Database, October 2012 http://www.imf.org/external/pubs/ft/weo/2012/02/weodata/index.aspx.

三是产业空心化。发达经济体为了绕开关税壁垒，追逐更大利润，利用跨国公司大举对外投资，将不具有比较优势的劳动密集型制造业转移到发展中国家，重点发展第三产业。20 世纪 60 年代以来，国际上出现过三次大规模的制造业转移，第一次是在 20 世纪 60 ~ 70 年代，发达国家将劳动密集型制造业转移到制造成本低的国家，形成战后第一次全球性的海外投资浪潮；第二次是在 20 世纪 70 ~ 80 年代，发达国家将资本密集型制造业转移到许多亚太新兴工业化国家和地区；20 世纪 90 年代发达国家又将部分技术密集型制造业向外转移，形成新一轮制造业外迁高潮。[127] 发达国家的产业转移导致国内制造业部门出现了严重的投资不足，竞争力急剧下降。1980 年，发达国家 FDI 净流出量为 182. 13 亿美元，到 2012 年发达国家 FDI 净流出量为 34866. 52 亿美元（具体见表 3 – 6 和图 3 – 4）。发达国家 FDI 的大量流出，致使国内制造业低迷，从而出现了“产业空心化”问题。例如，20 世纪 70 年代以后，美国推行的赤字财政和高消费政策导致国内利率居高不下、美元升值，从而美国制造业向国外转移，国内物质生产部门投资日益萎缩，使美国出现了“产业空心化”问题。1986 年 3 月，美国《商业周刊》发表了副标题为“制造业的衰落威胁着美国的经济”的文章，专门论述了“产业空心化”的特刊。[128]

表 3 – 6　1980 ~ 2012 年发达经济体 FDI 净流出量情况　单位：亿美元

年份	发达经济体 FDI 净流出量
1980	182. 13
1981	441. 98
1982	– 687. 76
1983	269. 20
1984	850. 92
1985	1638. 95
1986	2104. 50
1987	2045. 27

续表

年份	发达经济体 FDI 净流出量
1988	3683.70
1989	4776.83
1990	5705.84
1991	7052.99
1992	6677.13
1993	5875.97
1994	8846.33
1995	8441.14
1996	9538.25
1997	11347.87
1998	12925.38
1999	16709.73
2000	-5074.17
2001	6213.12
2002	3362.31
2003	13139.73
2004	36938.76
2005	12292.22
2006	16630.85
2007	57052.68
2008	57417.69
2009	21456.99
2010	33341.88
2011	36308.01
2012	34866.52

资料来源：UNCTAD Statistic，http：//unctadstat.unctad.org/Table Viewer/table View.aspx.

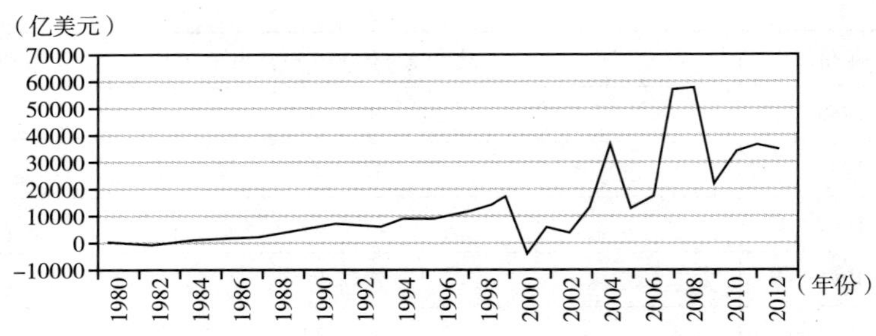

图 3-4　1980~2012 年发达经济体 FDI 净流出量

资料来源：UNCTAD Statistic，http：//unctadstat. unctad. org/Table Viewer/table View. aspx.

四是失业率提高。由于发达国家将许多劳动密集型产业转移到海外，使国内的劳动密集型产业在一定程度上萎缩，而应该接替的新产业由于客观条件的限制无法及时缓解旧产业遗留下来的就业压力。另外，发达国家掌握着全球价值链分工的高附加值环节，这些环节都是高技术含量、有助于提高劳动生产率的环节，因此，许多发达国家的企业纷纷裁员，解雇多余职工，使就业形势更为恶化。1980 年发达国家的失业率为 5.5%，1984 年增至 7.57%，之后一直呈现缓慢下降趋势，1990 年降至 5.8% 后又开始上升，1994 年达到 7.44%，近年来发达国家失业率比较高，2010 年为 8.27%，2012 年为 8.03%（具体见表 3-7 和图 3-5）。

表 3-7　1980~2012 年发达国家失业率　单位：%

年份	发达国家失业率
1980	5.50
1981	6.26
1982	7.55
1983	7.95
1984	7.57
1985	7.44
1986	7.30

续表

年份	发达国家失业率
1987	6.94
1988	6.39
1989	5.90
1990	5.80
1991	6.39
1992	7.04
1993	7.55
1994	7.44
1995	7.07
1996	7.08
1997	6.87
1998	6.84
1999	6.52
2000	5.97
2001	6.00
2002	6.52
2003	6.72
2004	6.54
2005	6.29
2006	5.84
2007	5.46
2008	5.83
2009	8.01
2010	8.27
2011	7.93
2012	8.03

资料来源：International Monetary Fund，World Economic Outlook Database，October 2012，http：//www.imf.org/external/pubs/ft/weo/2012/02/weodata/weorept.aspx? sy = 1980&ey = 2012&scsm = 1&ssd = 1&sort = subject&ds = .&br = 1&c = 001%2C110%2C200%2C505%2C205%2C406%2C603&s = LUR%2CLE&grp = 1&a = 1&pr1.x = 75&pr1.y = 10.

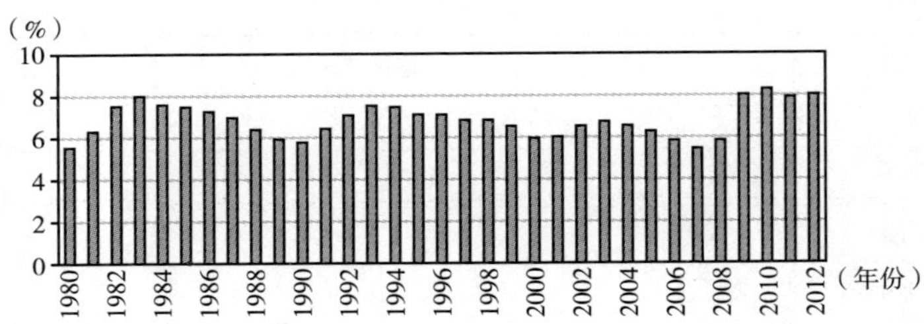

图 3－5　1980～2012 年发达国家失业率

资料来源：International Monetary Fund，World Economic Outlook Database，October 2012，http：//www. imf. org/external/pubs/ft/weo/2012/02/weodata/weorept. aspx？ sy ＝ 1980&ey ＝ 2012&scsm = 1&ssd = 1&sort = subject&ds =. &br = 1&c = 001%2C110%2C200%2C505%2C205%2C406%2C603&s = LUR%2CLE&grp = 1&a = 1&prl. x = 75&prl. y = 10.

（2）全球价值链分工下发展中国家的利益减损。

虽然发展中国家凭借丰富的非熟练劳动力优势通过参与全球价值链分工迅速获得在某些新兴产业的一席之地，经济发展的机会和余地增多，但是随着生产链和生产环节的延长，可能导致发展中国家“入链容易攀升难”。从实质上说，发展中国家利用加工贸易来参与全球价值链分工是一种被动的产业发展政策，发展中国家仍然处于国际分工的低端位置，与半个世纪前的初级产品与加工产品之间的等级差别相比没有根本上的改变。[129] 全球价值链分工对发展中国家的产业发展造成一定的负面影响。

第一，低端锁定效应。

发达国家和发展中国家在全球价值链中的专业分工的位置影响着企业的技术提升，这种新型分工方式令发展中国家的企业加大了与发达国家企业之间的技术差距。在全球价值链中，发展中国家的企业只从事劳动密集型的加工或组装环节，而新产品的研发、设计等关键环节则由发达国家的核心企业来进行。发展中国家参与的生产环节不涉及整个产品的研发，不是产品生产更不是该产业的核心技术，对整个产品的开发和创新的能力没有得到提高，发展中国家难以通过融入国际生产网络实现技术学习和技术赶超。这种新型国际分工虽然能够给发展中国家带来产出和就业增加等效应，但是发展中国家只能分配到极少一部分产品的加工所得，而且还要为此付出环境恶化的代价。随着信息和通讯技术的飞速发展，发达国家和发展中国家在利用网络与获得接入信息和通讯技术的机会进行各种业务活动方面出现了明显的“数字鸿沟”，这种现象一旦被普通化和固定化，那么发展中国家的产业结构就有可能永远地被锁定在国际分工链条的末端。韩国经济学家金永镐对日本向韩国转让技术问题进行了实证研究，结果表明移出技术的发达国家和移入技术的发展中国家之间存在着长期的差距。1962～1982 年韩国共引进技术 1482 件，其中大部分是成熟的技术且熟练程度相当低，基本是销售设备时的附带性技术转让。在有关技术引进的困难中，来自发达国家的因素占 48.2%，其中发达国家缺乏供给技术协作因素占 15.3%，回避转移核心技术因素占 32.8%。[130] 如果发展中国家没有自生技术能力的提升，就容易产生对发达国家的技术依赖，难以实现由全球价值链的低端环节向高端环节的延伸，进而被长期锁定在低端下游生产环节。

第二，“飞地效应”和“沙滩经济”。

在传统的国际分工模式中，参与国某些产业的发展可以通过产业的关联，形成产业的前向连锁、后向连锁、旁连锁以及群体连锁效应等，这些连锁效应尤其是前向连锁效应可以带动国内相关产业的发展和升级。例如，汽车产业的发展可以带动钢铁、电子、橡胶、皮革、纺织等为汽车提供零部件和生产条件的前向产业。在全球价值链分工模式中，产品的不同生产环节和工序分布在不同的国家和地区，打破了一个国家内部产业相互关联的整体性质，削弱了由于产业关联而引起的前向连锁效应以及后向连锁效应等。由于发展中国家受到要素禀赋的限制，因而一般从事简单的加工组装环节，而且需要从国外采购大部分的零部件或半成品，其产业链条比较短，所以对当地产业的关联带动作用比较小，形成了“飞地效应”。发展中国家加工贸易的主体基本上是外资企业，当沉淀成本较低时，“飞地经济”会随着当地劳动力成本优势的丧失而发生迁移，从而形成“沙滩经济”，在一定程度上为发展中国家的经济发展带来潜在风险。

第三，虚假繁荣下的“贫困化增长”。

由于参与全球价值链分工的门槛相对较低，许多要素禀赋相似的发展中国家争先恐后地以同样的方式加入全球价值链分工，由于国际市场需求容量不能在短期内快速扩张，导致国内供给的增长速度快于国外需求，出口价格下降，出口量的增长大大高于出口金额的增长，所以相互竞争的发展中国家的利益会受损，出现所谓的“排它俱乐部”效应，发展中国家的净贸易条件恶化，陷入“贫困化增长”的困境。例如，以加工贸易方式特别是进料加工贸易的方式参与全球价值链分工的中国，其加工贸易的快速发展导致中国加大了对国外原材料的进口和中间产品的需求；然而，加工贸易的企业大部分是外资企业，其中，跨国公司的子公司在我国外资企业中占据的比例越来越大，但其大部分是内部采购，低价出口，高价进口，令我国的净贸易条件持续恶化。[131]再者，发展中国家加工贸易项下的出口产品主要是纺织、箱包、消费电子等轻工类产品，这种加工组装环节的增值率较低，大多是贴牌生产，缺乏自主知识产权的核心技术和营销网络，处于“接单生产”的被动地位，因此发展中国家扣除其他进出口的附加费用后，只能获得少量的加工费，还要承受外商投资设备高估、减税让利、外商投资设备和技术、利润分配等额外成本，令发展中国家的经济效应大打折扣。[132]如图3－6显示，1981年，我国加工贸易增值率为－21.43%，到了1985年下降到－25.58%；到了20世纪90年代，基本上只在35%左右。2000～2009年，我国的加工贸易增值率基本呈现上升趋势，达到了82.13%，但是近几年又开始下降，2012年我国的加工贸易增值率为79.30%（见图3－6）。

另外，随着出口规模的急剧扩大，发展中国家出口生产的边际投入呈现递增趋势，其依靠劳动力、土地、资金和其他高投入、高消耗的稀缺资源投入越来越多。根据国际组织的统计数据，2000～2003

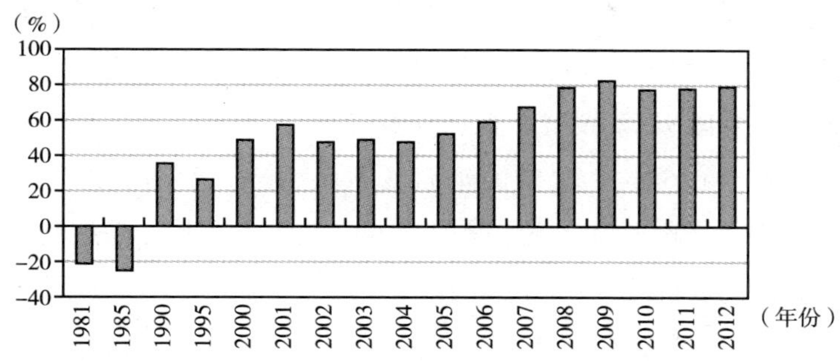

图 3-6　1981~2012 年中国加工贸易增值率

注：加工贸易增值率 =（加工贸易出口值 - 加工贸易进口值）/加工贸易进口值

资料来源：《中国统计年鉴》，笔者计算。

年中国出口增长额在全球增长中占 33%，但是固定资产投资增长占全球的 60%，石油消耗增长占全球的 36%。尽管加工贸易的中间投入品有部分来自国外，但是电力、原材料和能源等仍需要国内供给，使我国的出口付出了高昂的资源代价。[133] 同时，发展中国家也付出了昂贵的环境成本。由于发展中国家的环境偏好低、环境标准和政策比较宽松，因此发达国家倾向于选择把环境污染重、资源消耗高的产业转移到发展中国家，以获得环境标准低和产品的价格优势。有数据显示，1999 年我国外商投资企业中，污染密集型企业占总数的 30% 左右，在污染密集型企业中，严重污染密集型企业占 40%；在流入中国的 FDI 中，有近 1/4 的资金是投向了污染型企业。[134]

第四，产业安全和国家经济安全受到威胁。

发展中国家参与全球价值链分工受到两大威胁。第一个威胁是全球价值链分工产品的大量涌入会冲击和威胁发展中国家的相关产业。全球价值链分工打破了各国产业发展的完整性，而发展中国家对这种冲击的反应较为敏感。一些发展中国家的生产规模较小或者融入全球价值链较晚，技术比较落后，当国外相对便宜的商品进入就会冲击该国的相应产业并造成巨大的威胁。第二个威胁是外资企业的大量进入会威胁到发展中国家的某些产业特别是关键性产业的控制。外资企业利用独资或大面积并购控股等方式形成对某产业的垄断地位，甚至控制某些重要产业的“全产业链”，严重威胁着发展中国家的产业安全。例如，中国 97 家大型油脂企业中有 64 家被国际四大粮商参股控股，占总股本的 66%。这四大粮商从原料生产、贸易到加工直至零售，几乎是“全产业链”的控制。2004 年我国发生大豆危机，四大国际粮商趁机低价收购、参股中国大豆压榨企业。[135]

外资企业进入证券、银行、保险等领域，对发展中国家的新型金融业务的制度规范和金融监管提出挑战，使发展中国家的金融安全受到威胁；跨国公司为了避税，还可能利用国际避税港和转移价格的手段，威胁发展中国家的财政安全。跨国公司还可能凭借其企业咨询和信息技术优势等服务优势，利用各种手段窃取发展中国家企业、行业甚至国家的经济机密，导致发展中国家的信息安全受到巨大威胁。

第五，全球价值链分工使发展中国家非常被动。

在全球价值链分工模式中的体制具有偏向于发达国家的特点，导致发展中国家处于被动地位，因此急需进一步完善约束机制。①由于发达国家掌控着很多区域性合作的协议，导致发展中国家必须根据发达国家制定的规则来参与全球价值链分工，因而，发达国家主导着国际分工格局，发展中国家在全球价值链分工当中处于一种不利和被动的地位。②在全球价值链分工当中，与其他约束机制相比较，竞争机制处于主导地位。目前，有很多发展中国家参与的国际分工约束和监督机制亟待进一步的完善。发达国家以就业问题和传统产业保护作为理由对劳动密集型产品实施进口限制，而发展中国家对于高新技术等新兴产业并没有建立起约束机制。③资本技术和劳动力等高级要素具有较高的流动性，可采取境外服务、产品出口、对外投资等多种形式，而低级劳动力的流动性较低，只能采取产品出口的形式，所以与发达国家相比，发展中国家在全球化过程当中面临的市场障碍要更大。④全球价值链分工仍在发达国家的控制之下，发展中国家对外来技术的转化能力受到发达国家各种协议和防范措施的制约，发展中国家对外来资本的选择和拒绝的能力有限。

（3）全球价值链分工下的冲突。

各国在全球价值链分工中地位的差异性、动态性和利益获取的非均衡性必然导致各国控制与反控制的较量，进而导致全球经济失衡。全球价值链分工这种新型国际分工形式具有“天然”的不平等性。全球价值链分工强化了各国之间尤其是发展中国家与发达国家之间的垂直分工，即强化了发展中国家劳动密集型制造业与发达国家高新技术制造业和知识技术密集型产业之间的分工。全球价值链分工还强化了各国之间特别是发展中国家与发达国家之间的新型分工形式，即加工工序和生产服务之间的分工。在这种分工工序中，发展中国家只是发达国家的生产加工基地，发达国家掌握着产品设计、研发、资金筹集调度等高附加值、影响产品价值链的诸多环节，导致世界财富向服务业竞争力强的发达国家积累，使发展中国家在国际分工中处于更加不利的地位。此外，在全球价值链分工中，各国获取的收益具有非均衡性。全球价值链上的利润分布并不均匀，主要分布在“微笑曲线”的两端，一端是研发设计，另一端是品牌和营销，这种高附加值高利润的部分主要由发达国家控制，而“微笑曲线”的中间部分是生产和加工，这种低附加值低利润的部分主要是由发展中国家来承接。这种分工地位的差异性、动态性和利益获取的非均衡性导致发达国家控制资本、高新技术等高级要素的流动，以尽力保持在全球价值链分工中的主导地位；发展中国家和新兴经济体也试图延伸其在产业链中的位置，尽量摆脱“低端锁定”等困境，提高在全球价值链分工中的地位，以获取更多的利润，这种控制与反控制的较量导致全球经济失衡。而各国在控制与反控制的过程中所引致的在国际分工中的地位、利益分配结构的重构等必然引发贸易摩擦的蔓延与升级。近年来，中国等国家所遭受的贸易摩擦不断升级可以证明上述论点。

全球价值链分工
对国际贸易摩擦
的影响研究
Chapter 4

第4章　全球价值链分工对国际贸易摩擦的影响

全球价值链分工对国际贸易摩擦的影响可以分为广度影响和深度影响两个方面。所谓全球价值链分工对国际贸易摩擦广度的影响，指的是其对国际贸易摩擦范围的影响，包括其对国际贸易摩擦主体变化的影响、对国际贸易摩擦对象扩张的影响、对国际贸易摩擦中心国家位移的影响等。所谓全球价值链分工对国际贸易摩擦深度的影响，指的是其对国际贸易摩擦的影响力度，包括其对国际贸易摩擦手段升级的影响、对国际贸易摩擦对象错位的影响、对国际贸易摩擦重心变化的影响和对国际贸易摩擦影响力扩大的影响等。

4.1 全球价值链分工对国际贸易摩擦的广度的影响

4.1.1 对国际贸易摩擦主体扩展的影响

以往国际贸易摩擦的发起者主要是发达国家。但是，随着全球价值链分工的深化，不同类型国家（发达国家、发展中国家和新兴经济体）在全球价值链分工中的地位快速变化，国际贸易摩擦发起者的身份也随着发生显著的变化：发达国家仍是国际贸易摩擦的主要发起者，但发展中国家，特别是新兴经济体越来越成为国际贸易摩擦的重要发起者，而且有后来居上的势头。1995～2012年WTO争端解决实体（Dispute Settlement Body，DSB）的460件立案中，发达国家作为主体发起的国际贸易摩擦案件数为285起，其所占比重从57.69%下降到37.04%，下降了近20.65个百分点；同期，发展中国家作为主体引发的国际贸易摩擦案件数达到114起，其所占比重从34.62%增加到40.74%，上升了6.12个百分点；新兴经济体作为主体引发的贸易摩擦案件数为61起，所占比重从7.69%增加到22.22%，上升了14.53个百分点（见表 4－1 和图 4－1）。

表 4－1　　1995～2012 年 DSB 国际贸易摩擦案件国别情况统计

单位：起

年份	发达国家	发展中国家	新兴经济体
1995	15	9	2
1996	31	6	4
1997	42	4	4
1998	36	1	4
1999	26	4	1
2000	20	9	6
2001	8	10	6
2002	21	7	9
2003	13	13	0
2004	14	3	2
2005	5	7	0
2006	10	9	1
2007	7	4	2
2008	9	5	5
2009	7	2	5
2010	6	8	3
2011	5	2	1
2012	10	11	6

注：新兴经济体为中国、印度、巴西、俄罗斯和南非。

资料来源：根据 WTO 公布的数据计算整理所得，http：//www. wto. org/english/tratop_e/dispu_e/dispu_status_e. htm.

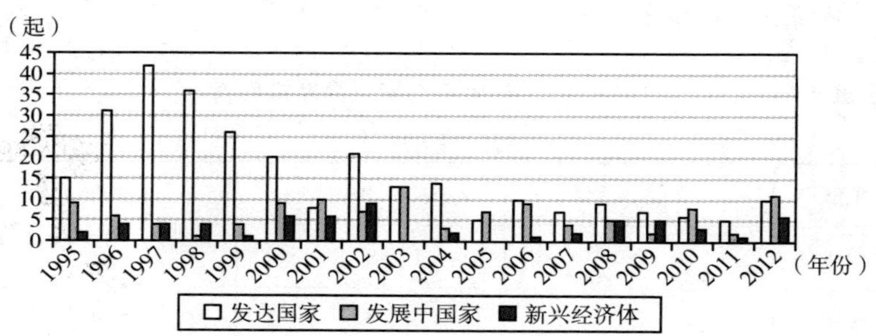

图 4-1　1995~2012 年 DSB 国际贸易摩擦案件国别情况统计

注：新兴经济体为中国、印度、巴西、俄罗斯和南非。

资料来源：根据 WTO 公布的数据计算整理所得，http：//www. wto. org/english/tratop_e/dispu_e/dispu_status_e. htm.

4.1.2　对国际贸易摩擦对象扩张的影响

首先，全球价值链分工对各国在国际分工中的位置进行了重新定位，在扩展并深化了各国在货物贸易和服务贸易中合作的同时，也引发了货物贸易摩擦的升级和服务贸易领域摩擦的快速发展。究其原因，主要是因为发展中国家，特别是新兴经济体产业结构的升级以及由此带来的贸易结构的升级——由货物贸易为主快速转向货物贸易与服务贸易并重并逐渐向服务业倾斜，从而导致了贸易摩擦由货物贸易领域逐步覆盖到服务贸易领域发展的态势。[136]

其次，全球价值链分工导致国际贸易摩擦的焦点转向附加值较高的产品。发展中国家以及新兴经济体抢占了发达国家的高附加值产品市场份额，致使发达国家对发展中国家和新兴经济体发起贸易摩擦。如图 4-2 所示，1995~2012 年，针对矿产品、轻工业产品等低附加值产品的反倾销案件有下降趋势，而针对化工产品、机器用具、电器设备等高附加值产品的反倾销案件有增加趋势。2012 年，全球共发起反倾销案件 208 件，涉及化工产品、机器用具、电器设备等高附加值产品的反倾销案件为 59 件，说明高端产品在贸易摩擦中“在劫难逃”，并将逐步成为贸易摩擦的焦点。①

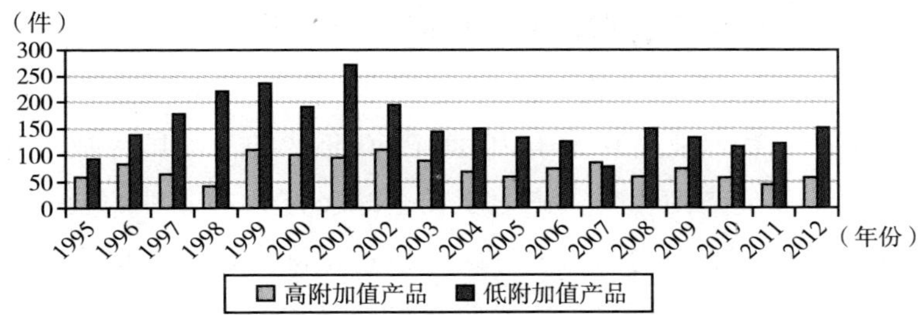

图 4－2　1995～2012 年全球反倾销情况

资料来源：WTO 组织公布的数据。

再次，全球价值链分工导致贸易摩擦与投资摩擦、制度摩擦等紧密结合。全球价值链分工深化了国际分工进而加强了各国之间的经济联系，各国经济沿着贸易自由化→资本自由化→生产国际化→经济全球化的路径发展，经济摩擦往往会以不同方式出现，表现为微观经济摩擦→宏观经济摩擦→投资摩擦→制度摩擦→技术性贸易摩擦的递进

① 根据 HS 编码，除了武器、弹药及其零件、附件商品和艺术品收藏之外，将商品分为二十类，即 I 代表活动物；动物产品，II 代表植物产品，III 代表动、植物油、脂及其分解产品；精制的食用油脂；动、植物蜡，IV 代表食品；饮料、酒及醋；烟草、烟草及烟草代用品的制品，V 代表矿产品，VI 代表化学工业及其相关工业的产品，VII 代表塑料及其制品；橡胶及其制品，VIII 生皮、皮革、毛皮及其制品；鞍具及挽具；旅行用品、手提包及类似容器；动物肠线（蚕胶丝除外）制品，IX 代表木及木制品；木炭；软木及软木制品；稻草、秸秆、针茅或其他编结材料制品；篮筐及柳条编结品，X 代表木浆及其他纤维状纤维素浆；纸及纸板的废碎品；纸、纸板及其制品，XI代表鞋、帽、伞、杖、鞭及其零件；已加工的羽毛及其制品；人造花；人发制品，XI 代表纺织原料及纺织制品，XII 鞋、帽、伞、杖、鞭及其零件；已加工的羽毛及其制品；人造花；人发制品，XIII 代表石料、石膏、水泥、石棉、云母及类似材料的制品；陶瓷产品；玻璃及其制品，XIV 代表天然或养殖珍珠、宝石或半宝石、贵金属、包贵金属及其制品；仿首饰；硬币，XV 代表贱金属及其制品，XVI 代表机器、机械器具、电气设备及其零件；录音机及放声机、电视图像、声音的录制和重放设备及其零件、附件，XVII 代表车辆、航空器、船舶及有关运输设备，XVIII 代表光学、照相、电影、计量、检验、医疗或外科用仪器及设备、精密仪器及设备；钟表；乐器；上述物品的零件、附件，XX 代表杂项制品，XXI 代表其他。

变化。[137]

4.1.3 对国际贸易摩擦中心国家位移的影响

全球第一次产业转移始于20世纪50年代初，美国完成了从农业经济向工业经济的转变，确立了在全球经济和产业中的领先地位后，率先进行产业结构的调整升级：通过国际直接投资的方式把纺织业和钢铁等劳动密集型传统产业转移到日本和西德等国家，而本国重点发展汽车和化工等资本密集型重化工业。全球第二次产业转移始于20世纪70年代，第三次科技革命推动了美国、日本和德国等发达国家的产业升级步伐，集中力量发展钢铁、化工等资本密集型产业以及电子、航空航天和生物医疗等技术密集型产业，而向亚洲四小龙等发展中国家转移大量的劳动密集型产业。全球第三次产业转移始于20世纪80年代中期，经济全球化的深入发展和知识经济的出现推动了以跨国公司为主导的全球范围内的产业重组性转移部分，欧洲、美国和日本等发达国家以及早期发展起来的亚洲部分国家逐渐把部分低技术密集型产业和劳动密集型产业转移到我国的东部沿海地区。自从20世纪50年代到21世纪第一个十年这60年的时间里，全球范围内完成了三次产业转移的浪潮，随着中国东部沿海地区产业向国内中西部地区以及越南等东南亚国家转移和发达国家在发展中国家的制造业回流，第四次产业转移正在大规模进行。[138]

国际产业转移主要集中于制造业领域，但同时也把承接制造业的发展中国家推到了贸易摩擦的风口浪尖，因而贸易摩擦的中心国家也随着国际产业转移而发生位移。

首先，第一次国际产业转移使日本成为国际贸易摩擦的中心国家。第二次世界大战以后，随着美国国际产业的转移，日本的制造业获得飞跃发展，使日本在国际市场上形成巨大的贸易顺差，导致贸易摩擦开始出现并迅速扩展到钢铁、彩电、纺织品、半导体和汽车等多个领域。[139]其次，第二次国际产业转移使亚洲部分国家和地区成为国际贸易摩擦的中心国家。美国、欧洲和日本等国的国际产业转移使东亚国家和地区的工业品出口迅速攀升，美国对东亚地区的贸易赤字也不断扩大，从 1980 年的 44 亿美元上升到 1990 年的 368 亿美元（不包括对日赤字），对东盟的贸易赤字从 1980 年的 42 亿美元上升到 1990 年的 65 亿美元。[140]美国与东亚地区严重的贸易逆差刺激了美国国内保守主义势力的抬头，贸易摩擦不断升级。再次，第三次国际产业转移使中国成为国际贸易摩擦的中心国家。从 20 世纪 80 年代后期起，亚洲部分国家和地区以及美国和日本开始逐步把制造业产品的加工组装程序转移到中国东南沿海，致使中国东南沿海成为世界加工制造中心，出口规模不断扩大，而中国与世界各国的国际贸易摩擦也不断增加，1995 年，国外对华贸易救济立案为 20 起，到 2012 年达到 70 起（见图 4－3），于是，自 20 世纪 90 年代起中国便成为国际贸易摩擦的中心国家并持续到现在。

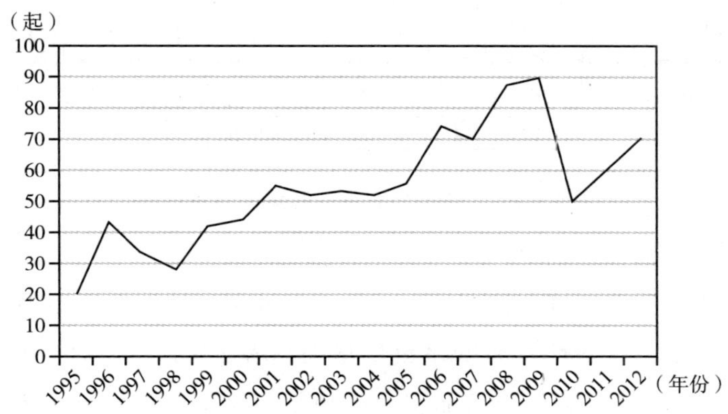

图 4－3　1995～2012 年国外对华贸易救济立案年度分布走势

资料来源：根据 WTO 网站公布的数据计算整理所得：http：//www. wto. org/english/tratop_e/tratop_e. htm.

4.2 全球价值链分工对国际贸易摩擦的深度的影响

4.2.1 对国际贸易摩擦手段升级的影响

首先，反倾销、反补贴和保障措施等传统国际贸易壁垒手段仍受重视。根据世贸组织（WTO）的统计，1995～2012年，全球共发起反倾销立案4125起，反补贴立案302起，保障措施254起。其中，2012年反倾销立案为114件，反补贴立案为23件，保障措施立案为25件（见图4－4）。

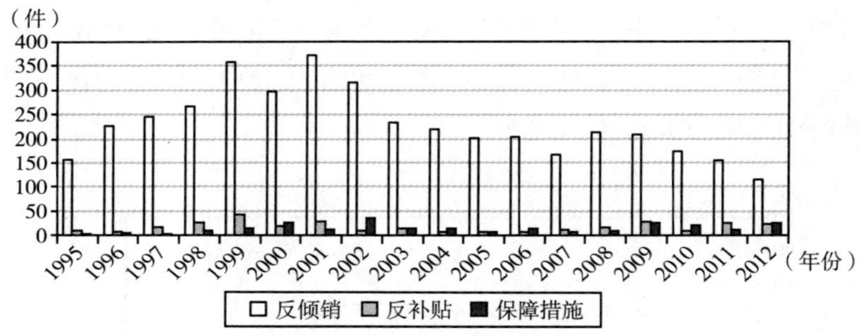

图4－4　全球历年贸易救济案件数量汇总

资料来源：根据WTO网站公布的数据计算整理所得，www. wto. org.

其次，技术标准、知识产权保护等显性和隐性贸易摩擦手段更受青睐。例如，技术性贸易壁垒数量越来越多，WTO范围内的技术性贸易壁垒协定（TBT）和实施卫生与植物卫生措施协定（SPS）通报越来越多。如图4－5所示，2000年TBT通报量为606件，SPS通报量为270件，到2012年TBT和SPS分别上升到2185件和1214件，分别增长了2.6倍和3.5倍，两者合计从876件增加到3399件，增长了2.9倍。

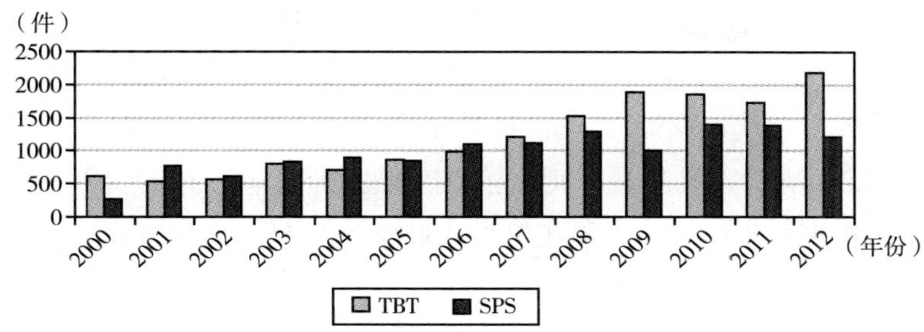

图 4－5　2000～2012 年 WTO 成员通报 TBS 和 SPS 通报情况

资料来源：中国技术性贸易措施网，http：//www. tbt-sps. gov. cn/tbtsps/Notification/Pages/TBT_notification. aspx.

此外，在全球价值链分工的框架中，发达国家经常以对知识产权没有充分保护为由发起贸易摩擦。例如，1972 年美国 337 调查立案仅为 3 起，到 2012 年达到 56 起，总计 861 起（见图 4－6）。

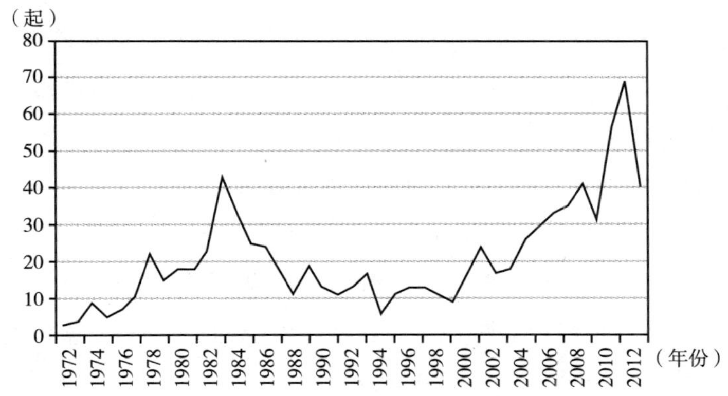

图 4－6　1972～2012 年美国 337 调查情况

资料来源：美国国际贸易委员会，http：//www. usitc. gov/press_room/337_stats. htm.

4.2.2　对国际贸易摩擦对象错位的影响

当今世界，随着全球价值链分工的进一步深化，生产和消费越来越呈现出“分离”的态势。发达国家主要专注于研发、设计等全球价值链分工的高端环节，生产环节大多转移到了发展中国家，从而成为典型的“消费国家”。新兴经济体、发展中国家则主要专注于生产、组装等全球价值链分工的低端环节，从而成为典型的“生产国家”。而“消费国家”和“生产国家”则是通过国际直接投资—国际产业转移来实现的。于是形成了发达国家操控的生产和消费的全球价值链分工循环：发达国家主要专注于研发、设计→新兴经济体、发展中国家根据发达国家的研发、设计主要专注于加工、组装最终消费产品→再把所生产的最终产品出口到发达国家消费。这种全球价值链分工的结果便是：一方面，积极参与到全球价值链分工且处于全球价值链分工低端环节的发展中国家，特别是新兴经济体会很快成为所谓的“世界工厂”和贸易大国，获得了大量的贸易顺差，其产业结构也由于发达国家在全球价值链分工的需要得到某种程度的升级；另一方面，发展中国家，特别是新兴经济体不断增加的贸易顺差，则会使发达国家处于长期逆差的状态。于是，发达国家便会以贸易逆差为借口挑起贸易摩擦，使新兴经济体、发展中国家成为国际贸易摩擦的“焦点”。而实际上，发展中国家，特别是新兴经济体完全是国际贸易摩擦的“替罪羊”。这是因为：一方面，发达国家为了其全球价值链分工布局的需要，往往通过国际直接投资实现其产业的国际转移，这样使本来在发达国家的“生产行为”变成了发达国家从发展中国家，特别是新兴经济体进口以前由自己生产的产品的“进口行为”，即由于国际直接投资—国际产业转移使“生产”变成了“贸易”，从而使贸易量激增；另一方面，在国际直接投资—国际产业转移形成的全球价值链分工布局的链条上，发展中国家（包括某些新兴经济体）并非处于国际产业转移第三梯队，往往是处于国际产业转移的第四梯队。以美国的国际产业转移为例，通常的转移顺序是美国首先将相关产业转移到日本→日本再转移到亚洲部分国家和地区→亚洲部分国家和地区再转移到东盟国家和中国（这种国际产业转移的顺序被日本称为“雁行模式”，并千方百计地将此模式予以固化）。由于目前中国被置于这种国际产业转移接力棒的“末棒”，其直接的结果是以前由日本、亚洲部分国家和地区和中国分别向美国的出口，大部分变成了由中国直接向美国的出口，于是，就出现了中国向美国出口量增多、中国对美国贸易顺差剧增，由此导致两个国家间的贸易摩擦不断升级。例如，一台有 451 个零件的 IPad 播放器，在美国的零售价为 299 美元，美国本土企业和工人获得了最多的 163 美元附加值，包括苹果公司 80 美元、分销和零售商 75 美元、零部件制造商 8 美元；日本获得的附加值为 26 美元；中国只获得 4 美元加工费。但每台产品出口到美国，使中国对美国的顺差增加 150 美元。[①] 因此，中国等发展中国家的本土企业从贸易中的受益并不高，但是发达国家却因本国的巨额贸易逆差向发展中国家频频发起贸易摩擦，使处于全球价值链分工低端环节的发展中国家成为所谓的“世界工厂”和贸易大国，更成为贸易摩擦的焦点或“中心”，成为贸易摩擦的“替罪羊”，导致贸易摩擦对象的错位。实际上，由于国际直接投资—国际产业转移形成的全球价值链分工布局的运行，原来美日之间、美国与亚洲部分国家和地区之间的贸易摩擦已大部分转换成了美中之间的贸易摩擦，再加上转口贸易的存在，更加剧了美中之间的贸易摩擦。因此，国际直接投资—国际产业转移形成的全球价值链分工导致了国际贸易摩擦对象的错位，中国等国家往往代人受过。

4.2.3 对国际贸易摩擦手段重心变化的影响

在全球价值链分工的模式下，发达国家、发展中国家以及新兴经济体之间的摩擦也不再局限于货物贸易领域，而是广泛涉及服务贸易、投资、知识产权等领域和竞争政策、规制缓和等制度更宽泛的领

① 资料来源：温家宝在美国友好团体欢迎晚宴上的演讲：携手开创新时期中美关系的光明未来，2010 年 9 月 24 日，新浪网：http：//finance. sina. com. cn/roll/20100924/09433463995. shtml.

域与层面。[141]另外，全球价值链分工使各国之间的贸易竞争日益激烈，新贸易保护手段发生了变化：以提升技术水平和维护消费者利益为借口而使用的技术性贸易壁垒、以保护生态环境为借口的绿色贸易壁垒、以维护劳动者权益为借口的蓝色贸易壁垒等，这种新贸易保护行为的变化更多地体现在对产品生产过程的限定和控制，贸易保护的行为由边境控制转变为对生产过程的控制，国际贸易摩擦的重心正在发生快速的变化。

4.2.4 使国际贸易摩擦快速发展为复合性摩擦

全球价值链分工强化了各国之间的经济联系，同时使各国之间发生利益冲突的概率也在加大。而各国之间的利益冲突的直接表现形式便是国际贸易摩擦，如贸易摩擦、投资摩擦、体制性摩擦等，而且上述摩擦形式或交替发生，或以某种摩擦为主其他摩擦相伴随发生，甚至是几种摩擦形式同时发生，同类产品往往遭遇多种贸易救济措施的打压。各国发动贸易摩擦已经不单单使用一种贸易救济措施，而是各种贸易壁垒相互配合，同时使用或是交替使用。例如，美国对我国出口的苹果汁和蜂蜜等产品先后使用了反倾销和技术性贸易壁垒[142]，导致我国同类产品遭遇多种贸易救济调查，严重影响了我国的出口。因此，全球价值链分工的深化使国际贸易摩擦发展成为复合性摩擦的特征越来越凸显。

4.2.5 对国际贸易摩擦影响力扩大的影响

如前所述，随着全球价值链分工的进一步深化，生产和消费越来越呈现出“分离”的态势，这种态势的发展必然会引发“全球经济失衡”。面对全球经济失衡的局面，在这其中受益最大的发达国家祭起了贸易保护主义的“大旗”，反倾销、反补贴、保障措施等贸易保护行为就铺天盖地而来，国际贸易摩擦的影响力得到强化，从而进一步加剧了全球经济失衡所带来的困境。如图4－7所示，以美国为首的部分发达国家经常项目收支赤字不断扩大，1980年美国经常项目收支盈余23.2亿美元，1982年经常项目收支出现赤字，为55.3亿美元，之后一路攀升，2006年达到8006.2亿美元，为历史最高点；在顺差国当中，石油输出国组织（OPEC）国家的经常项目收支盈余在2012年为4267.4亿美元，日本在20世纪80～90年代初占据了全球顺差的大部分份额，90年代中期以后，OPEC、中国和其他东亚经济体的经常项目收支盈余明显增加，其中，中国增加比较迅速，从1995年的16.2亿美元，增加到2012年的2137亿美元。可见，全球价值链分工所引致的贸易摩擦令全球经济失衡愈演愈烈。

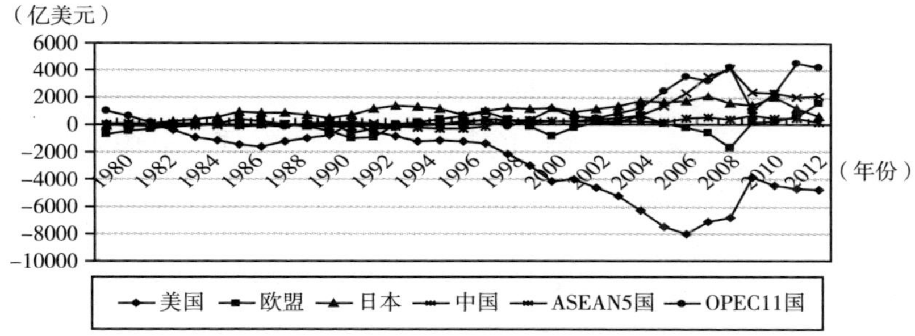

图4－7 1980～2012年世界主要国家和地区经常账户余额变动情况

注：ASEAN5国包括印度尼西亚、马来西亚、菲律宾、泰国和越南；OPEC11国包括沙特阿拉伯、伊拉克、伊朗、科威特、阿拉伯联合酋长国、卡塔尔、利比亚、尼日利亚、阿尔及利亚、印度尼西亚和委内瑞拉。

资料来源：International Monetary Fund，World Economic Outlook Database，April 2013.

第5章　全球价值链分工对中外贸易摩擦影响的实证分析

5.1 中国在全球价值链分工中所处的地位和窘境及其危害

5.1.1 中国在全球价值链分工中所处的地位的判断

5.1.1.1 从外贸角度来看中国在全球价值链分工中的地位

（1）从外贸规模来分析。

近年来，中国进出口贸易不断增加，外贸依存度不断攀升。1978年，中国货物进出口总额仅为206亿美元，到2012年，中国货物进出口贸易总额达到38668亿美元，出口总额和进口总额分别从98亿美元、109亿美元增长到20489亿美元、18178亿美元，上涨了209倍和167倍（见表5-1和图5-1）。中国的进出口贸易极大地推动了中国的经济开放程度。1978年，中国的外贸依存度仅为13.90%，出口依存度为6.61%，进口依存度为7.35%，到了2012年分别达到了47.00%、24.90%、22.10%。由此可见，中国对国际市场的依赖程度在不断加深（见表5-1和图5-1、5-2）。

表5-1　1978~2012年中国贸易额及贸易依存度　单位：亿美元，%

年份	GDP	进出口总额	外贸依存度	出口总额	出口依存度	进口总额	进口依存度
1978	1482	206	13.90	98	6.61	109	7.35
1980	1894	381	20.12	181	9.56	200	10.56
1985	3067	696	22.69	274	8.93	423	13.79
1990	3569	1154	32.33	621	17.40	534	14.96
1991	3795	1357	35.76	719	18.95	638	16.81
1992	4227	1655	39.15	849	20.09	806	19.07
1993	4405	1957	44.43	917	20.82	1040	23.61
1994	5592	2366	42.31	1210	21.64	1156	20.67
1995	7280	2809	38.59	1488	20.44	1321	18.15

续表

年份	GDP	进出口总额	外贸依存度	出口总额	出口依存度	进口总额	进口依存度
1996	8561	2899	33.86	1511	17.65	1388	16.21
1997	9527	3252	34.13	1828	19.19	1424	14.95
1998	10195	3240	31.78	1837	18.02	1402	13.75
1999	10833	3606	33.29	1949	17.99	1657	15.30
2000	11985	4743	39.57	2492	20.79	2251	18.78
2001	13248	5097	38.47	2661	20.09	2436	18.39
2002	14538	6208	42.70	3256	22.40	2952	20.31
2003	16410	8510	51.86	4382	26.70	4128	25.16
2004	19316	11546	59.77	5933	30.72	5612	29.05
2005	22569	14219	63.00	7620	33.76	6600	29.24
2006	27130	17604	64.89	9690	35.72	7915	29.17
2007	34941	21766	62.29	12205	34.93	9561	27.36
2008	45218	25633	56.69	14307	31.64	11326	25.05
2009	49913	22075	44.23	12016	24.07	10059	20.15
2010	59305	29740	50.15	15778	26.60	13962	23.54
2011	73185	36419	49.76	18984	25.94	17435	23.82
2012	82270	38668	47.00	20489	24.90	18178	22.10

资料来源：GDP 数据来自世界银行：http://databank.shihang.org/data/views/reports/tableview.aspx#.

其他数据根据《中国统计年鉴 2012》的数据计算整理得出。

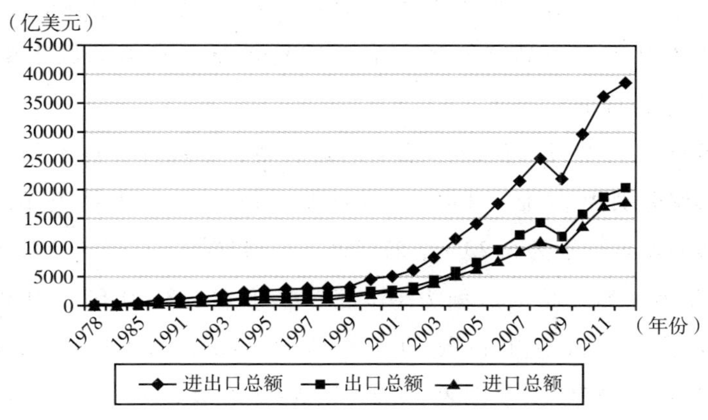

图 5-1　1978~2012 年中国货物贸易额

资料来源：《中国统计年鉴》。

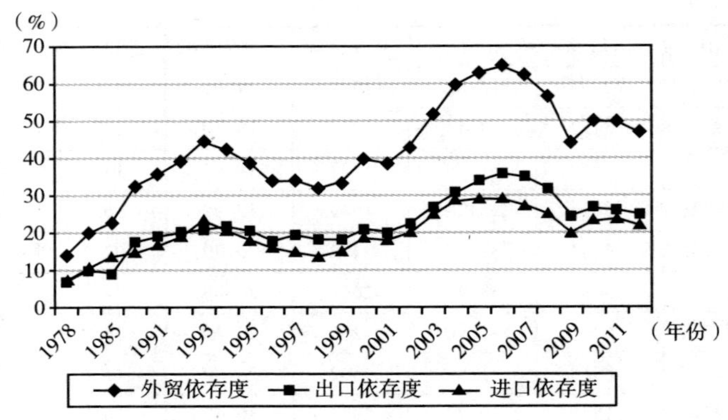

图5-2 1978~2012年中国贸易依存度

资料来源：根据《中国统计年鉴》的数据计算整理得出。

(2) 外贸结构——从商品加工分类的贸易统计的视角来分析。

为了客观地反映中国参与全球价值链分工的程度和地位，本书借鉴了 Francoise，Lemoine 和 DenizuNal-Kesencl (2002)[143] 的分类方法，进一步调整了联合国 BEC 分类方法，把商品分为四类，即初级产品（原材料）、中间投入品、最终产品和其他产品。其中，中间投入品包括零部件和半制成品，最终产品包括消费品和资本品。通过对比中国在不同时期初级产品、半制成品、零部件、资本品和消费品这五种产品的贸易数据，归纳总结出中国专业化分工的特征。

1995年，中国的初级产品、半制成品、零部件、资本品、消费品出口额分别为77亿、408亿、106亿、177亿、711亿美元，占总出口额的比重分别为5.23%、27.59%、7.17%、11.96%、48.05%，到2012年各类产品出口额为162亿、4698亿、3620亿、6070亿和5915亿美元，占总出口额的比重为0.79%、22.93%、17.67%、29.63%和28.87%（见图表5-2、图5-3和表5-3、图5-4）。可见，中国的最终产品即消费品和资本品的出口最高，其次是中间产品，包括零部件和半制成品，初级产品的出口最少。

表 5-2　　1995～2012 年中国各类产品出口情况　　单位：亿美元

年份	初级产品	半制成品	零部件	资本品	消费品
1995	77	408	106	177	711
1998	70	428	180	276	880
1999	64	435	226	310	912
2000	91	554	320	430	1091
2001	90	578	372	489	1125
2002	95	685	509	650	1310
2003	113	898	700	1019	1641
2004	112	1296	988	1496	2028
2005	148	1671	1285	2012	2484
2006	137	2223	1689	2600	3013
2007	147	2896	2109	3407	3615
2008	184	3624	2493	3991	3993
2009	122	2544	2115	3596	3613
2010	142	3500	2883	4681	4546
2011	167	4505	3356	5529	5396
2012	162	4698	3620	6070	5915

资料来源：UN Comtrade，http：//comtrade. un. org/db/，并经笔者计算整理得出。

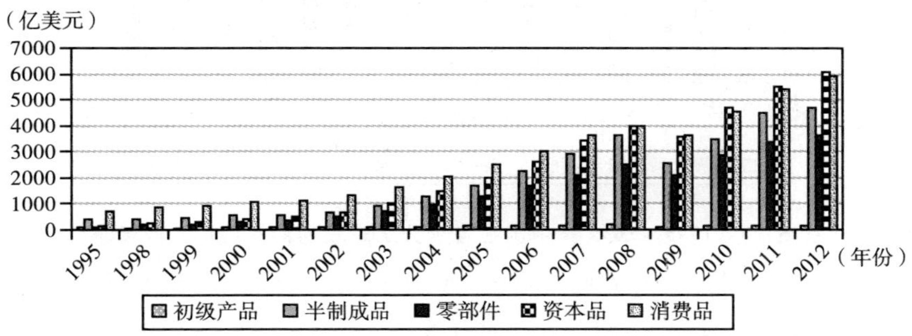

图 5-3　1995～2012 年中国各类产品出口情况

资料来源：UN Comtrade：http：//comtrade. un. org/db/，并经笔者计算整理得出。

表 5－3　　1995～2012 年中国在各个分工阶段的商品出口构成情况

单位:%

年份	初级产品	中间产品	半制成品	零部件	最终产品	资本品	消费品
1995	5.23	34.76	27.59	7.17	60.01	11.96	48.05
1998	3.83	33.12	23.30	9.82	63.04	15.05	47.99
1999	3.31	33.93	22.35	11.58	62.75	15.91	46.84
2000	3.67	35.16	22.30	12.86	61.17	17.31	43.86
2001	3.38	35.8	21.77	14.03	60.83	18.44	42.39
2002	2.94	36.73	21.07	15.66	60.33	20.00	40.33
2003	2.59	36.55	20.54	16.01	60.85	23.32	37.53
2004	1.89	38.58	21.89	16.69	59.52	25.27	34.25
2005	1.95	38.9	21.99	16.91	59.15	26.47	32.68
2006	1.42	40.49	23.01	17.48	58.09	26.91	31.18
2007	1.21	41.12	23.79	17.33	57.68	27.99	29.69
2008	1.29	42.82	25.37	17.45	55.89	27.94	27.95
2009	1.02	38.85	21.21	17.64	60.12	29.99	30.13
2010	0.90	40.52	22.22	18.30	58.58	29.72	28.86
2011	0.88	41.47	23.77	17.70	57.64	29.17	28.47
2012	0.79	40.60	22.93	17.67	58.50	29.63	28.87

资料来源：UN Comtrade：http：//comtrade. un. org/db/，并经笔者计算整理得出。

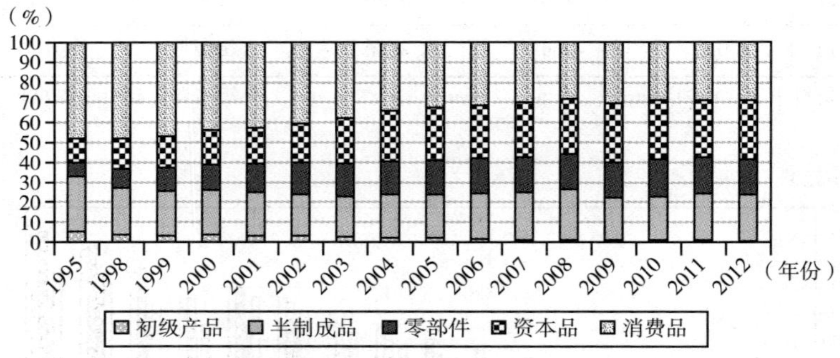

图 5－4　1995～2012 年中国在各个分工阶段的商品出口构成情况

资料来源：UN Comtrade，http：//comtrade. un. org/db/，并经笔者计算整理得出。

1995 年，中国的初级产品、半制成品、零部件、资本品、消费品进口额分别为 128 亿、576 亿、189 亿、338 亿、74 亿美元，占总进口额的比重分别为 9.81%、44.17%、14.49%、25.88%、5.66%，到 2012 年各类产品进口额为 5157 亿、4291 亿、4228 亿、2570 亿和 1250 亿美元，占总进口额的比重为 28.36%、23.60%、23.26%、14.13%和 6.85%。由此可见，中国初级产品的进口最高，其次是中间产品，包括零部件和半制成品，最终产品即资本品和消费品的进口最少（见表 5－4、图5－5 和表 5－5、图 5－6）。

表 5－4　　1995～2012 年中国各类产品进口情况　　单位：亿美元

年份	初级产品	半制成品	零部件	资本品	消费品
1995	128	576	189	338	74
1998	115	648	305	272	61
1999	143	716	389	318	76
2000	305	893	545	395	95
2001	297	910	612	490	106
2002	312	1062	808	621	133
2003	486	1379	1173	891	186
2004	845	1737	1605	1184	226
2005	1119	1965	1949	1281	264
2006	1419	2211	2417	1516	330
2007	1897	2650	2810	1743	435
2008	2902	2984	2950	1916	528
2009	2318	2756	2735	1686	526
2010	3544	3571	3611	2261	788
2011	4946	4297	4003	2611	1081
2012	5157	4291	4228	2570	1250

资料来源：UN Comtrade，http：//comtrade. un. org/db/，并经笔者计算整理得出。

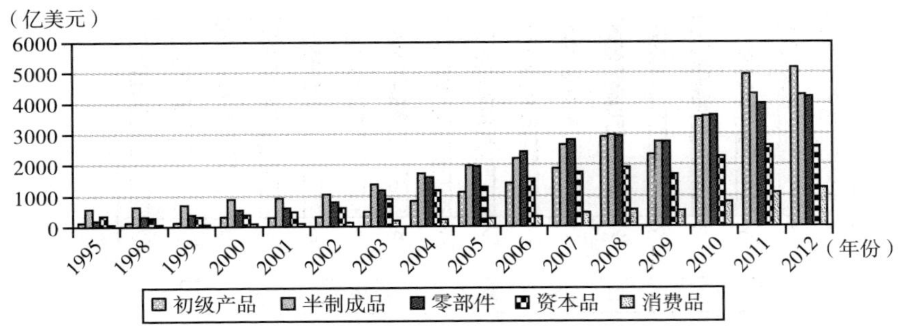

图 5－5　1995～2012 年中国各类产品进口情况

资料来源：http：//comtrade. un. org/db/，并经笔者计算整理得出。

表 5－5　　1995～2012 年中国在各个分工阶段的商品进口构成情况

单位：%

年份	初级产品	中间产品	半制成品	零部件	最终产品	资本品	消费品
1995	9.81	58.66	44.17	14.49	31.54	25.88	5.66
1998	8.23	67.99	46.22	21.77	23.79	19.41	4.38
1999	8.73	67.26	43.60	23.66	24.01	19.36	4.65
2000	13.65	64.40	39.99	24.41	21.94	17.68	4.26
2001	12.30	63.02	37.70	25.32	24.68	20.28	4.40
2002	10.62	63.68	36.16	27.52	25.69	21.15	4.54
2003	11.81	62.01	33.51	28.50	26.18	21.65	4.53
2004	15.09	31.32	31.03	28.67	25.20	21.15	4.05
2005	17.01	59.51	29.88	29.63	23.47	19.46	4.01
2006	17.98	30.90	28.01	30.62	23.39	19.21	4.18
2007	19.90	57.26	27.79	29.47	22.84	18.28	4.56
2008	25.72	52.60	26.45	26.15	21.67	16.98	4.69
2009	23.13	54.79	27.50	27.29	22.08	16.83	5.25
2010	25.73	52.15	25.93	26.22	22.13	16.41	5.72
2011	29.20	49.00	25.37	23.63	21.79	15.41	6.38
2012	28.36	46.86	23.60	23.26	20.98	14.13	6.85

资料来源：UN Comtrade，http：//comtrade. un. org/db/，并经笔者计算整理得出。

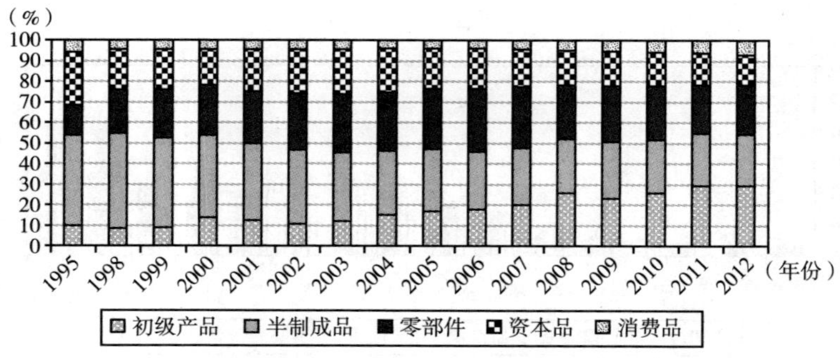

图 5－6　1995～2012 年中国在各个分工阶段的商品进口构成情况

资料来源：UN Comtrade，http：//comtrade. un. org/db/，并经笔者计算整理得出。

可以看出，1995 年以来中间产品一直都是我国进口商品的主要类型，在出口方面，资本品和中间产品整体上的出口比重增加，这表明尽管我国主要出口附加值较低的最终消费品，但是我国的贸易结构正在优化升级，从全球价值链分工中的劳动密集型低端环节逐步转变为资本和技术密集型价值链的中高端环节。在进口方面，半制成品和最终产品整体上的进口比重呈现下降趋势，零部件的进口比例比较稳定，初级产品的进口比例上升幅度较大。

下面，本书采用贸易竞争力指数（Trade Competitive Index，TC）作为评价指标，来分析中国在全球价值链分工中的比较优势和分工地位。TC 是指一个国家某类产品出口和进口的差额与该类产品进出口总额的比例，反映一个国家某类产品在国际市场上的竞争力状况，其公式为[①]：

$$TC_{ij} = (X_{ij} - M_{ij})/(X_{ij} + M_{ij}) \qquad (5-1)$$

根据 UN Comtrade 的数据，按照 TC 的计算公式进行计算和整理，得出了 1995～2012 年中国在全球价值链分工中各环节的竞争力变化。从表 5-6 和图 5-7 可以看出，从纵向比较的角度来看，中国在全球价值链分工中的地位有了明显的提高，半制成品的 TC 指数从 1995 年的 -0.17 快速上升到 2012 年的 0.05，表明中国半制成品的竞争力由比较劣势转变为弱比较优势，零部件产品的 TC 指数从 1995 年的 -0.28 逐步上升到 2012 年的 -0.08，说明中国零部件产品的比较劣势在不断降低；资本品的 TC 指数由 1995 年的 -0.31 上升到 2012 年的 0.41，说明资本品的竞争力在不断提高。

① 公式中，TC_{ij}代表 i 国第 j 种产品的贸易竞争力指数，$-1 \leq TC_{ij} \leq 1$；X_{ij}代表 i 国第 j 种产品的出口值；M_{ij}代表 i 国第 j 种产品的进口值。一般来说，$-1 \leq TC_{ij} \leq -0.8$，具有很低竞争力；$-0.8 < TC_{ij} < -0.5$，具有较低竞争力；$-0.5 \leq TC_{ij} < 0$，具有低竞争力；$TC_{ij} = 0$，具有一般竞争力；$0 \leq TC_{ij} < 0.5$，具有强竞争力；$0.5 \leq TC_{ij} < 0.8$，具有较强竞争力；$0.8 \leq TC_{ij} \leq 1$ 说明第 j 种产品具有很强的竞争力。

中国在全球价值链分工中各环节的竞争力的变化，说明了中国的国际分工地位在逐步提高，逐步从以劳动密集型为主的简单消费品分工生产转变为以资本、技术密集型的复杂资本品和精密零部件为主的分工生产。但从横向比较的角度来看，中国在全球价值链分工体系中的专业化层次并不高，比较优势主要集中在最终产品尤其是附加值较低的消费品上（见表5－7）。

表5－6　1995～2012年中国在全球价值链分工中各环节的竞争力变化

年份	初级产品	半制成品	零部件	资本品	消费品
1995	－0.2488	－0.1707	－0.2814	－0.3126	0.8115
1998	－0.2432	－0.2045	－0.2577	0.0073	0.8704
1999	－0.3816	－0.2441	－0.265	－0.0127	0.8462
2000	－0.5404	－0.2343	－0.2601	0.0424	0.8398
2001	－0.5349	－0.2231	－0.2439	－0.001	0.8278
2002	－0.5332	－0.2158	－0.227	0.0228	0.8157
2003	－0.6227	－0.2112	－0.2525	0.067	0.7964
2004	－0.7659	－0.1454	－0.2379	0.1164	0.7995
2005	－0.7664	－0.0809	－0.2053	0.222	0.8079
2006	－0.8239	0.0027	－0.1773	0.2634	0.8026
2007	－0.8562	0.0444	－0.1425	0.3231	0.7852
2008	－0.8808	0.0969	－0.084	0.3513	0.7664
2009	－0.9	－0.04	－0.1278	0.3616	0.7458
2010	－0.923	－0.01	－0.1121	0.3486	0.7045
2011	－0.9347	0.0236	－0.0879	0.3585	0.6662
2012	－0.9391	0.0453	－0.0775	0.4051	0.6511

资料来源：UN Comtrade，http：//comtrade.un.org/db/，并经笔者计算整理得出。

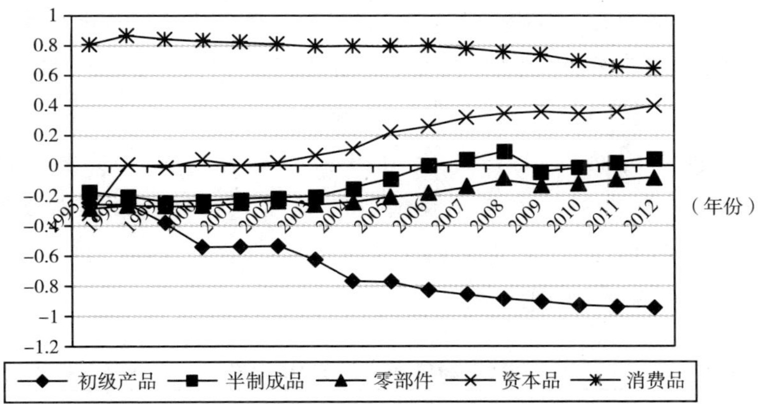

图 5－7　1995～2012 年中国在全球价值链分工中各环节的竞争力变化

资料来源：UN Comtrade，http：//comtrade. un. org/db/，并经笔者计算整理得出。

表 5－7　2012 年重点国家在价值链各环节竞争力的比较

国家	初级产品	半制成品	零部件	资本品	消费品
日本	－0. 9193	－0. 0959	0. 4348	－0. 0333	－0. 6225
德国	－0. 6391	0. 0718	0. 1624	0. 3126	0. 0141
韩国	－0. 9715	0. 0751	0. 2965	0. 3969	－0. 2622
墨西哥	0. 5919	－0. 3401	－0. 2034	0. 1499	0. 2450
泰国	－0. 5495	－0. 0808	－0. 1026	－0. 0141	0. 5064
印度	－0. 8355	－0. 0717	－0. 3246	－0. 4123	0. 5796
印度尼西亚	0. 4879	－0. 0869	－0. 4138	－0. 5604	0. 4609
中国	－0. 9391	0. 0453	－0. 0775	0. 4051	0. 6511

资料来源：UN Comtrade，http：//comtrade. un. org/db/，并经笔者计算整理得出。

5. 1. 1. 2　从外资（IFDI）角度来看中国在全球价值链分工中的地位

（1）从 IFDI 规模角度来看中国在全球价值链分工中的地位。

第一，IFDI 规模的变化。

①IFDI 绝对规模的变化。

从表 5－8 和图 5－9 可见，1980 年中国实际利用外资总额流量仅为0.57亿美元，存量为10.74亿美元，到了2012年分别达到了1210.80亿美元和8328.82亿美元，分别是1980年的2124倍和775倍，IFDI流量年均增长率达到了17.46%（由表5－8中IFDI流量增长率数据平均而得），1981年IFDI流量和存量的增长率分别为78.49%和19.79%，2012年我国IFDI流量和存量的增长率分别为－2.34%和17.01%（见表5－8和图5－8、图5－9）。可见，IFDI成为中国经济增长的重要动力。

表5－8　1980～2012年中国IFDI情况　单位：亿美元，%

年份	IFDI流量	IFDI流量增长率	IFDI存量	IFDI存量增长率
1980	0.57	—	10.74	—
1981	2.65	78.49	13.39	19.79
1982	4.3	38.37	17.69	24.31
1983	9.16	53.06	26.85	34.12
1984	14.19	35.45	41.04	34.58
1985	19.56	27.45	60.6	32.28
1986	22.44	12.83	83.04	27.02
1987	23.14	3.03	106.17	21.79
1988	31.94	27.55	138.11	23.13
1989	33.93	5.87	172.04	19.72
1990	34.87	2.70	206.91	16.85
1991	43.66	20.13	250.57	17.42
1992	110.08	60.34	360.64	30.52
1993	275.15	59.99	635.79	43.28
1994	337.67	18.52	741.51	14.26
1995	375.21	10.01	1010.98	26.65
1996	417.26	10.08	1280.69	21.06
1997	452.57	7.80	1539.95	16.84
1998	454.63	0.45	1751.56	12.08

续表

年份	IFDI 流量	IFDI 流量增长率	IFDI 存量	IFDI 存量增长率
1999	403.19	-12.76	1861.89	5.93
2000	407.15	0.97	1933.48	3.70
2001	468.78	13.15	2031.42	4.82
2002	527.43	11.12	2165.03	6.17
2003	535.05	1.42	2283.71	5.20
2004	606.3	11.75	2454.67	6.96
2005	724.06	16.26	2720.94	9.79
2006	727.15	0.42	2925.59	7.00
2007	835.21	12.94	3270.87	10.56
2008	1083.12	22.89	3780.83	13.49
2009	950	-14.01	4730.83	20.08
2010	1147.34	17.20	5878.17	19.52
2011	1239.85	7.46	7118.02	17.42
2012	1210.80	-2.34	8328.82	17.01

资料来源：UNCTAD，http：//unctadstat. unctad. org/ReportFolders/reportFolders. aspx? sRF_ActivePath = p，5&sRF_Expanded = ，p，5.

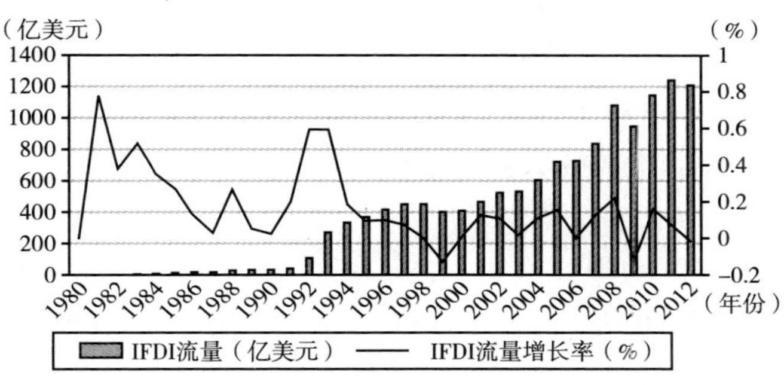

图 5-8　1980～2012 年中国 IFDI 流量及增长情况

资料来源：UNCTAD，http：//unctadstat. unctad. org/ReportFolders/reportFolders. aspx? sRF_ActivePath = p，5&sRF_Expanded = ，p，5.

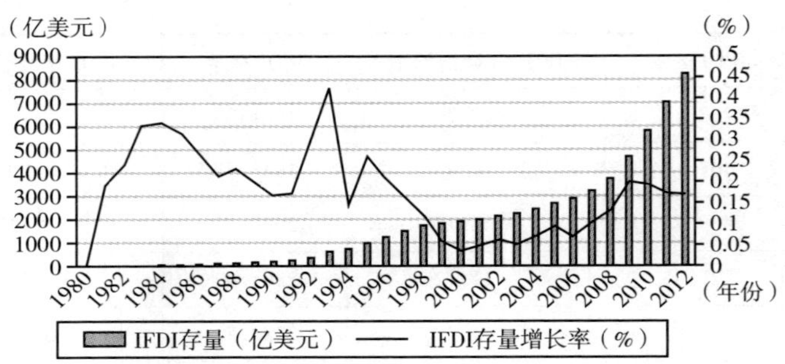

图 5-9 1980~2012 年中国 IFDI 存量及增长情况

资料来源：UNCTAD 的数据计算整理所得，http：//unctadstat. unctad. org/ReportFolders/reportFolders. aspx？sRF_ActivePath = p，5&sRF_Expanded = ，p，5.

②IFDI 相对规模的变化。

根据 IFDI 的业绩指数和潜力指数，可以判断我国 IFDI 相对规模的变化。

UNCTAD 定义的业绩指数（Inward FDI Performance Index，IFPE）是指在一段时期内（通常为一年），一国的 FDI 流入量占全球 FDI 流入量的比例与该国 GDP 占全球 GDP 的比例的比值。如果业绩指数大于 1，那么该国吸引的 FDI 在全球所占规模要大于 GDP 所占规模，即业绩突出；反之，如果业绩指数小于 1，那么该国吸引的 FDI 在全球所占规模要小于 GDP 所占规模，即业绩低下；如果业绩指数等于 1，那么该国吸引的 FDI 在全球所占规模等于 GDP 所占规模，即业绩正常。IFDI 业绩指数的数学表达式为：

$$IFPE_i = \frac{IFDI_i / IFDI_w}{GDP_i / GDP_w} \qquad (5-2)$$

其中，$IFDI_i$代表 i 国当年的 FDI 流入量，$IFDI_w$代表世界当年 FDI 流入总量；GDP_i代表 i 国当年的 GDP 总量，GDP_w代表世界当年 GDP 总量。

潜力指数（The Inward FDI Potential Index）是指通过 12 个变量[①]综合反映一个国家吸引外国直接投资的未来潜力和国际竞争力，其计算公式为：

$$\text{Score} = \frac{V_r - V_{min}}{V_{max} - V_{min}} \tag{5-3}$$

其中，V_r表示国家 i 的一个变量值，V_{min}表示该变量在所有国家中的最小值，V_{max}表示该变量在所有国家中的最大值。

每个变量的分值计算方式为：取一国一个变量的值，然后减去参与排名的国家中该变量的最小值，将得到的结果除以这些国家中该变量的最大值和最小值的差。一个国家总的潜力指数值就是这 12 个潜力指数值的平均值。

根据 FDI 的业绩指数和潜力指数，可以把国家进行如下分类：其一，领先国家，即具有较高的 FDI 业绩（业绩排名在所有国家的中点以上）和较高潜力（潜力排名在所有国家的中点以上）的国家；其二，高于潜力国家，即具有比较高的 FDI 业绩（潜力排名在所有国家的中点以上）和比较低的潜力（潜力排名在所有国家的中点以下）的国家；其三，低于潜力国家，即具有比较低的 FDI 业绩（业绩排名在所有国家的中点以下）和比较高潜力（潜力排名在所有国家的中点以上）的国家；其四，落后国家，即具有比较低的 FDI 业绩（业绩排名在所有国家的中点以下）和比较低的潜力（潜力排名在所有国家的中点以下）的国家。根据上述业绩指数和潜力指数的

---

① 12 个变量分别是：①人均 GDP，反映一个国家的经济发展水平；②近 10 年实际 GDP 增长，一个国家市场潜力；③出口额占 GDP 的比例，反映一个国家生产的国际化程度；④每千个居民拥有的电话数，反映一个国家通讯基础设施的完善程度；⑤人均商业能源使用情况，反映一个国家能源可获性大小和成本高低；⑥R&D 支出占国民总收入比例，反映一个国家科技实力尤其是创新能力的高低；⑦接受高等教育人数占总人口比例，反映一个国家劳动力知识水平和相关技能掌握情况；⑧国家风险，包括政治风险和商业风险；⑨自然资源，反映一个国家稀缺自然资源禀赋；⑩电器和汽车零部件的进口，反映一个国家制造能力；⑪服务贸易出口，反映一个国家服务业竞争力；⑫FDI 流入存量，反映一个国家未来吸引 FDI 的空间。

分类标准，可以对不同国家进行分类。

从图 5 - 10 可见，中国 IFDI 业绩指数从 1990 年的 0.558 降至 2012 年的 0.118，我国的 IFDI 业绩指数在世界上的排名从 1990 年的第 57 名一度降至 2007 年的第 104 名，到了 2010 年仅排在第 86 名，表明我国吸收 FDI 的相对规模在下降。

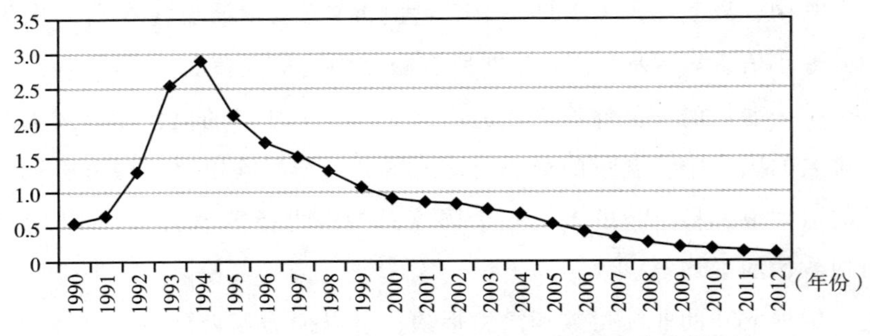

图 5 - 10　1990 ~ 2012 年中国 IFDI 业绩指数变化情况

资料来源：根据 UNCTAD 和 IMF 的数据计算整理所得，http：//unctad. org/SearchCenter/Pages/results. aspx？ sq = 1&k = Inward% 20FDI% 20Performance% 20Index.

根据 UNCTAD 统计的中国 IFDI 潜力指数来看，1989 ~ 1991 年，中国 IFDI 潜力指数为 0.179，在世界排名是第 43 位；2004 ~ 2006 年，中国 IFDI 潜力指数为 0.304，在世界排名是第 32 位，2009 年我国的 IFDI 潜力指数排名第 27 位（见图 5 - 11），说明我国吸引外国直接投资的未来潜力和国际竞争力在不断提升。

把我国的 IFDI 业绩指数和潜力指数相结合，在世界 140 个经济体中，2005 年我国的业绩指数和潜力指数都排在中游之前，说明我国具有较高的 IFDI 业绩和较高潜力，是领先国家；2006 年以后我国的业绩指数排名下降，且位于中游之后，潜力指数排名上升，位于中游之前，说明我国属于低于潜力国家。但由于我国的 IFDI 潜力指数的排名在不断上升，说明 IFDI 下降不是由于投资环境的恶化所造成，而是由于我国吸引外资逐步由注重投资数量转变为注重投资质量，加上国内市场资本形成能力不断加强，减少了对外资的依赖，因此我国吸收的 FDI 的相对规模在下降。

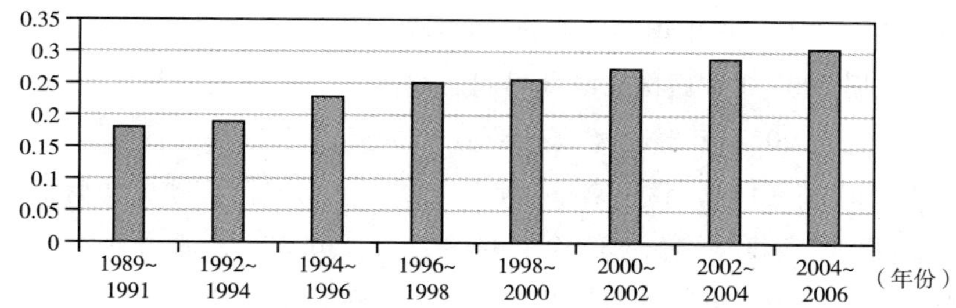

图 5－11　1989～2006 年中国 IFDI 潜力指数变化情况

资料来源：根据 UNCTAD 的数据整理所得，http：//unctad.org/SearchCenter/Pages/results.aspx？sq＝1&k＝the%20Inward%20FDI%20Potential%20Index.

第二，IFDI 在中国的行业分布特征。

我国的外商直接投资涉及的行业非常广泛，几乎包括所有的国民经济领域。从图 5－12 可以看出，截至 2012 年，我国的外商直接投资主要集中于制造业和房地产业，其外商直接投资实际使用金额所占比重分别为 43.74% 和 21.59%，而批发和零售业、租赁和商务服务业以及其他行业外商直接投资占总投资比重分别为 8.47%、7.35% 和 18.84%，这样看来，制造业是吸引外商直接投资的最高行业，其次是资金密集型的房地产业。因此，外商直接投资主要集中在加工组装等劳动密集型行业和资金密集型行业，表明外商直接投资的产业结构水平有待于进一步提高，我国吸收 FDI 在全球价值链分工中处于中后阶段。

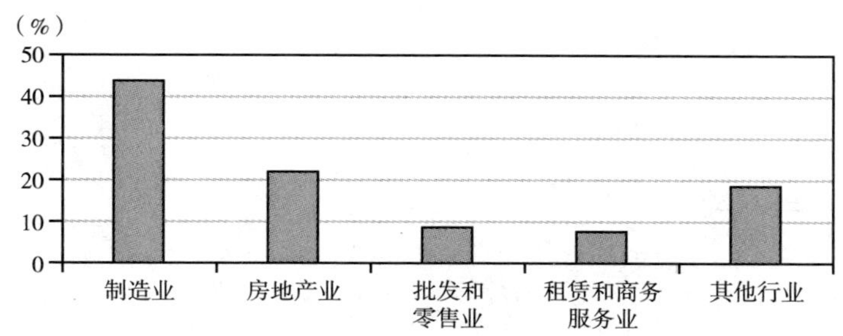

图 5－12　2012 年按行业分外商直接投资实际使用构成

资料来源：根据《中国统计年鉴》的数据计算整理所得。

第三，IFDI在中国的产业分布特征。

根据2003年中国国家统计局制定的《三次产业划分规定》[①]，可以得出截至2012年中国吸收外商直接投资产业分布的数据（见图5－13和图5－14），我国第一产业、第二产业和第三产业的外商直接投资的合同项目分别为882个、9419个和14624个，所占比重分别为4%、38%和59%；2012年我国第一产业、第二产业和第三产业对外商直接投资的实际使用金额分别为20.6亿美元、524.6亿美元和571.9亿美元，所占比重分别为2%、47%和51%。因此，我国的外商直接投资主要集中于第二产业和第三产业，外商对第一产业的直接投资非常少，进一步说明了外商直接投资不仅集中于加工组装等劳动密集型生产环节，而且对于附加值较高的第三产业的投资比重也占有很大比例。

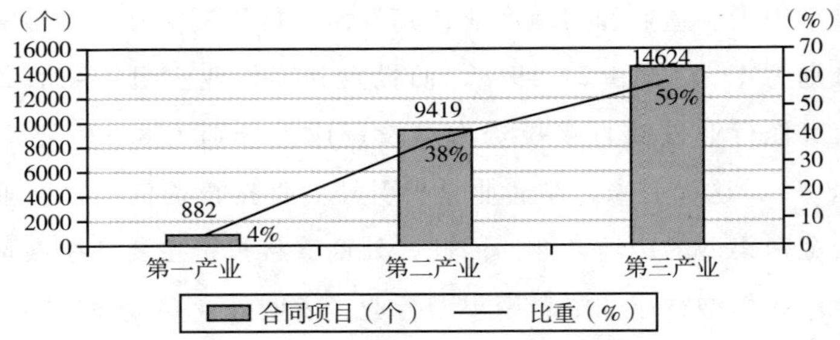

图5－13　2012年我国三次产业外商直接投资的合同项目和比重

资料来源：根据《中国统计年鉴》的数据计算整理所得。

① 第一产业主要包括农、林、牧、渔业；第二产业是指采矿业，制造业，电力、燃气及水的生产和供应业，建筑业；第三产业包括交通运输、仓储和邮政业，信息传输、计算机服务和软件业，批发和零售业，住宿和餐饮业，金融业，房地产业，租赁和商务服务业，科学研究、技术服务和地质勘查业，水利、环境和公共设施管理业，居民服务和其他服务业，教育，卫生、社会保障和社会福利业，文化、体育和娱乐业，公共管理和社会组织，国际组织。

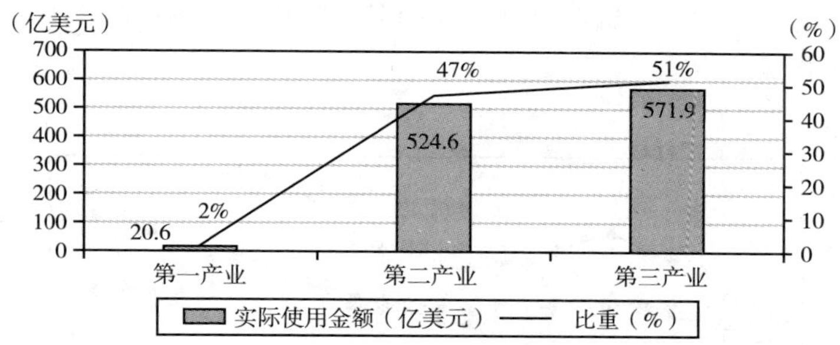

图 5－14　2012 年我国三次产业对外商直接投资的实际使用金额和比重

资料来源：根据《中国统计年鉴》的数据计算整理所得。

上述从外贸和外资的角度所进行的分析表明，中国正处在从全球价值链分工体系中的加工、组装环节向研发、设计和品牌与服务、控制营销渠道等两个高端环节逐渐升级的中间过渡阶段（见图 5－15）。

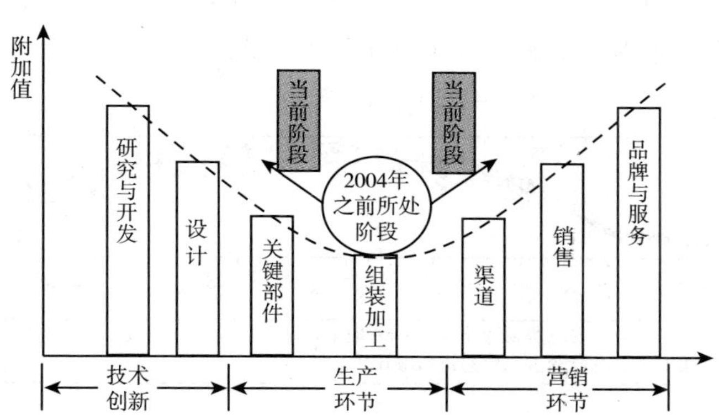

图 5－15　中国在全球价值链中的位置

5.1.2　中国经济陷入六种“高度依赖”的窘境

（1）对国外市场的高度依赖。

1978 年，中国的对外贸易依存度仅为 13.90%，出口依存度为 6.61%，进口依存度为 7.35%，到了 2012 年分别达到了 47.00%、

24.90%、21.10%。由此可见，中国对国际市场的依赖程度在不断加深（见图5－16）。

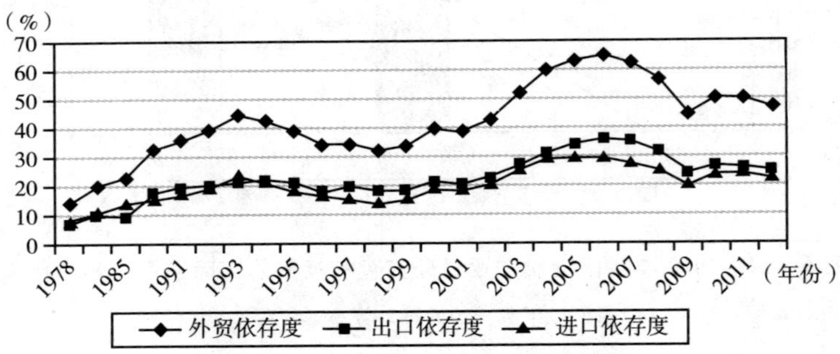

图5－16　1978～2012年中国贸易依存度

资料来源：根据《中国统计年鉴》的数据计算整理得出。

（2）对加工贸易的高度依赖。

1991～2012年有19年加工贸易占到了中国对外贸易总额的40%以上，有4年占到了50%以上（见图5－17）。

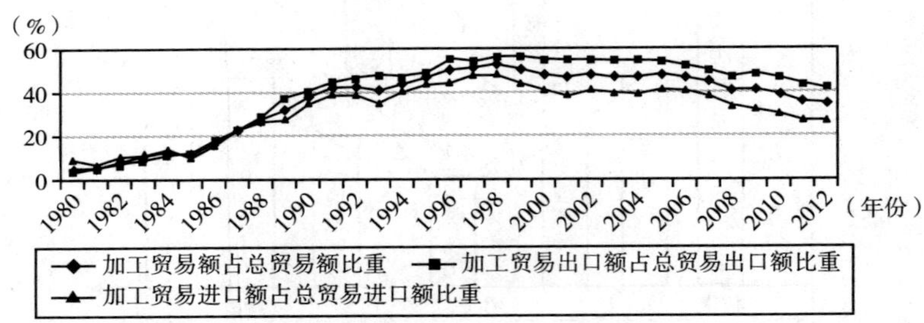

图5－17　1980～2012年加工贸易比重情况

资料来源：根据《中国统计年鉴》的数据计算整理得出。

（3）对外资的高度依赖。

1980年，中国实际利用外资流量仅为0.57亿美元，存量为10.74亿美元，到了2012年分别达到了1210.8亿美元和8328.82亿美元，分别是1980年的2124倍和775倍。外资已经成为中国经济增长的重要动力（见图5－18）。

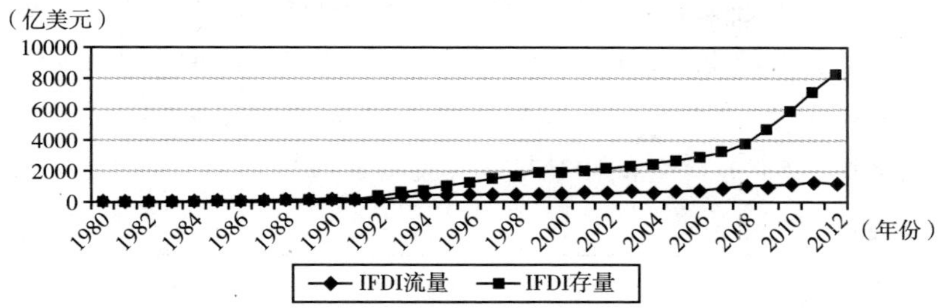

图 5-18　1980~2012 年中国 IFDI 流量和存量情况

资料来源：UNCTAD，http：//unctadstat. unctad. org/ReportFolders/reportFolders. aspx？sRF_ActivePath = p，5&sRF_Expanded = ，p，5.

（4）对国外能源、原材料和零部件的高度依赖。

一是中国已成为能源消耗大国，根据英国石油公司（BP）发布的数据，1978~2012 年，中国一次性能源消费总量从 396.21 百万吨油当量增加到了 2735.16 百万吨油当量，占世界能源消耗的比重由 1978 年的 6.09% 上升到 2012 年的 21.92%，年增长速度为 11.02%（见图 5-19）。

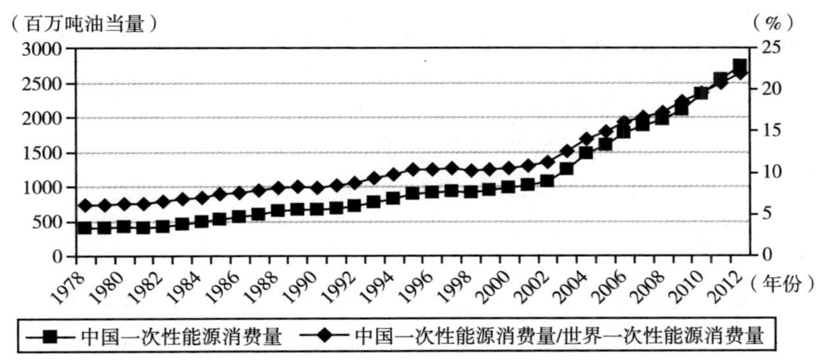

图 5-19　1978~2012 年中国一次性能源消费情况

资料来源：Bp statistical review of world energy，http：//www. bp. com/en/global/corporate/about-bp/statistical-review-of-world-energy-2013/statistical-review-1951-2011. html.

二是对石油的进口依赖度在快速上升。从数量上看，1996 年中国进口原油和成品油为 2262 万吨和 1583 万吨，2012 年分别增至

27103 万吨和 3982 万吨，各自增长了 1098.19% 和 151.55%（见图 5－20）；从金额上看，1996 年中国进口原油和成品油金额为 34.07 亿美元和 36.82 亿美元，2012 年增至 2208 亿美元和 330.72 亿美元，分别增长了 6380.77% 和 798.21%（见图 5－21）。

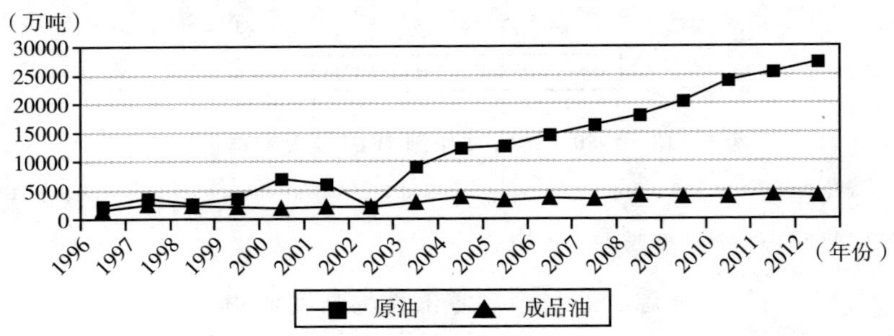

图 5－20　1996～2012 年中国进口原油和成品油数量情况

资料来源：根据《中国统计年鉴》的数据计算整理所得。

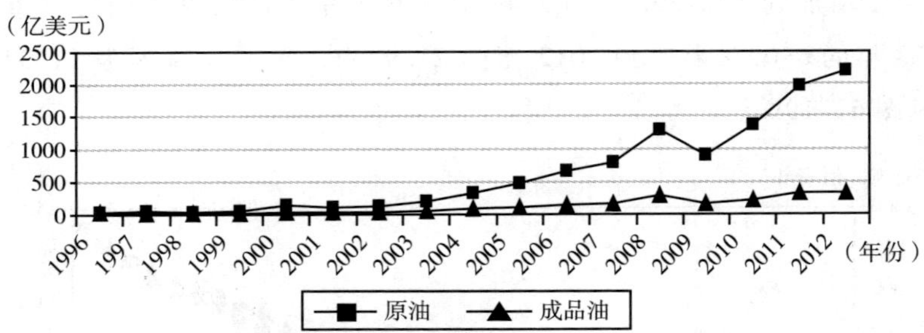

图 5－21　1996～2012 年中国进口原油和成品油金额情况

资料来源：根据《中国统计年鉴》的数据计算整理所得。

三是大量进口原材料和零部件。随着中国加工贸易的大规模发展，必然要大量进口原材料、中间产品和零部件。以中国进口铁矿砂及其精矿为例，1984～2012 年，中国进口铁矿砂及其精矿基本呈上升态势，而且近几年进口量和进口金额增加较快。1984 年中国进口铁矿砂及其精矿只有 596 万吨，价值 1.63 亿美元，2012 年分别增至 74360 万吨和 957.40 亿美元，与 1984 年相比分别增加了 12376.51% 和 58636.20%（见图 5－22）。

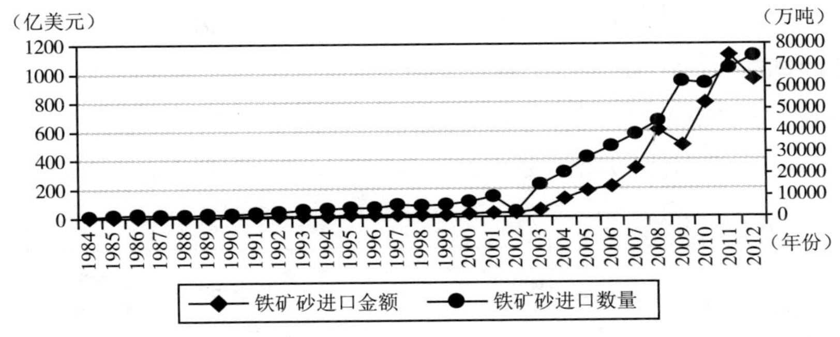

图 5－22　1984～2012 年中国进口铁矿砂情况

资料来源：《中国统计年鉴》。

1995～2012 年，中国进口零部件的金额从 189 亿美元增加到了 4228 亿美元，除了 2008 年、2009 年受金融危机的影响，中国进口零部件金额的增长率低于 10% 以外，其他年份都远高于 10%，1998 年增幅达到了 61.38%（见图 5－23）。

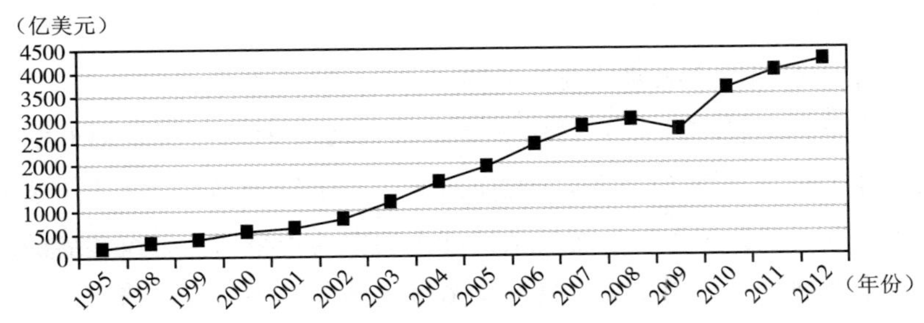

图 5－23　1995～2012 年中国进口零部件金额情况

资料来源：《中国统计年鉴》。

（5）对国外大型先进生产设备和流水线的高度依赖。

为了参与到全球价值链分工中去，中国企业必须根据主导全球价值链分工的跨国公司的加工、组装及其质量要求来不断进行生产设备和流水线升级、工艺升级等，在国内装备、技术、工艺等不能替代的情况下，中国企业只能通过引进国外先进的大型生产设备和流水线、技术、工艺等来达到其要求。而当今世界飞速的技术变革、创新的快速发展却迫使中国企业陷入了不断引进国外大型先进的生产设备和流水线的循环之中。从图 5－24 可知，中国 1996～2012 年进口机电产品的金额从 593.32 亿美元增至 7826.27 亿美元，增加了 1219.06%，而且机电产品的进口金额占总进口额的比重基本在 50% 左右，由此可见，中国对国外大型先进生产设备和流水线的依赖度在不断增加。

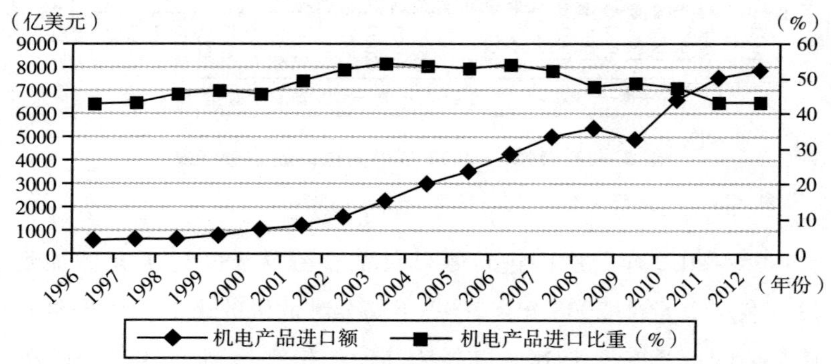

图 5－24　1996～2012 年中国进口机电产品的金额及占总进口额比重

资料来源：《中国统计年鉴》。

（6）对国际大买家的高度依赖。

由于中国企业总体上仍处于全球价值链分工加工组装的低端环节，加工组装什么，何时进行加工组装，加工组装多少，加工组装的技术标准、工艺要求等主要听从国际大买家的指令；加工组装后的成品也主要通过国际大买家的营销渠道进入国际市场，从而形成了对国际大买家的高度依赖。例如，沃尔玛在中国的采购额约占中国对美国出口总额的 15%，2008 年宜家在中国的采购额比重高达 21%[144]，说明中国对跨国零售企业具有高度依赖性。

5.1.3　六种"高度依赖"威胁中国国家经济安全

（1）中国对国外市场的高度依赖、贸易顺差高企，使中国成为当今世界最大的贸易摩擦对象国。

自 1994 年开始，中国对外贸易开始连年盈余，到 2007 年货物贸易顺差突破了2000亿美元大关，达到2643.4亿美元，2008年进一步上升为2954.6亿美元。受金融危机影响，2009年这一数值下降为1960.6亿美元，2010年、2011年和2012年进一步收窄为1815.1亿美元、1551.4亿美元和2311亿美元。中外贸易发展不平衡使中国与发达国家、发展中国家及其他新兴经济体之间的贸易摩擦不断升级。中国和欧盟、美国等发达经济体之间的出口市场的过度集中以及贸易顺差的持续性导致这些发达经济体对中国频频发起贸易保护措施，引发贸易摩擦。伴随着中国与一些发展中国家之间出口产品的竞争愈演愈烈，发展中国家及其他新兴经济体如印度、土耳其、秘鲁、墨西哥、南非和哥伦比亚等国家对中国的出口产品频频发起特保和反倾销等调查。据商务部统计，2012年，中国出口产品共遭遇77起贸易救济调查，涉案总金额约277亿美元。

（2）我国劳动力等要素成本的快速而持续地上升使对外贸易，尤其是加工贸易对我国经济发展的推动难以为继。

改革开放40年来，我国凭借低成本的要素价格优势参与全球价值链分工，因而我国在劳动密集型、环境污染密集型和资源密集型的产品和生产具有比较优势，这种比较优势造就了我国粗放式的外贸结构，即使近年来我国的出口结构已由初级产品向工业制成品转变，由单一的资源性产品和纺织产品向机电产品和高新技术产品转变，然而，我国仍主要从事着以劳动密集型为主的生产环节，即所谓的“高端产品，低端制造”。这种粗放式出口贸易模式的附加值低且利润空间小。例如，在进口中，加工贸易型进口占43%；在出口中，加工贸易型出口占55%，而且加工贸易增值率持续走低，全国机电产品加工贸易增值率在2000年为87.98%，2001年为96.60%，2002年为74.27%，2003年为72.72%，2004年为51.35%，2006年为28.5%，2008年增加到52.8%之后，2009年又降至45.1%，2012年为50.69%。在资源环境约束增强、要素价格上升以及外部环境变化等冲击下，对外贸易尤其是加工贸易对我国经济发展的推动必然难以为继。

（3）外资推动中国经济发展的驱动力难以持续。

中国引进外资推动了经济增长乃至产业结构升级，但也使中国开放型经济具有典型的“外资嵌入型”特征。为了充分利用中国优惠的土地政策、丰富廉价的劳动要素禀赋优势和较低的环境规制成本，跨国公司对中国的早期投资主要是资源导向和成本导向型的，投资领域主要集中在劳动密集型等低附加值产业，但是阻碍了中国经济发展，导致中国的环境受到污染、技术溢出效应弱和本土企业发展受压制等。随着中国土地和劳动等要素成本日益增加，跨国公司开始把资本转移到成本更低的国家，我国随之出现了明显的“浮萍效应”，因而，外资推动中国经济发展的驱动力难以持续。

（4）中国充当“世界工厂”所面临的能源和资源约束以及环境责任问题日益严峻。

作为“世界工厂”，中国为世界提供大量物美价廉商品的同时对能源和资源的需求量也日益增加，而且现有的生产需要密集使用原材料和能源，例如，中国单位 GDP 的耗能是美国的 3.36 倍、日本的 6.93 倍、德国的 5.52 倍、印度的 1.16 倍、世界平均水平的 3.19 倍。能源和资源的短缺妨碍了中国经济的发展，而中国获取资源和能源的手段和价格也受到世界各国的关注，国外公司乘机联手哄抬价格，这在铁矿石价格的暴涨上表现得尤为突出，如图 5 - 25 所示，2006 年中国铁矿石综合指数年指数①为 90，2007 年达到 190.9，比上年增长了 112.11%，尽管中国铁矿石综合指数年指数近几年起伏不定，但是在 2013 年达到了 137.4，是 2005 年的 1.37 倍。在这种背景下中国如何处理好经济发展和环境保护之间的关系也面临着国内外的巨大压力。

---

① 中国铁矿石综合指数是反映中国铁矿产品价格报告期与基准期变化程度的相对数，用以反映中国铁矿产品价格水平及其变化趋势，价格均以主流市场含税成交价格为准，选择 2005 年 1 月为 100 点。

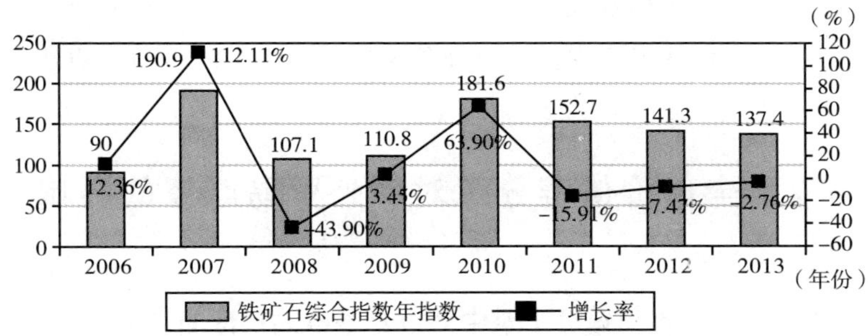

图 5-25　2005~2013 年中国铁矿石综合指数年指数

资料来源：我的钢铁网：http://index.glinfo.com/xpic/detail.ms? tabName = kuangsi.

(5) 我国对欧美先进国家的大型生产设备和流水线的高度依赖对我国企业造成了“低端锁定”效应。

目前，我国对国外先进生产设备和技术的高度依赖使我国企业处于全球价值链分工的低端位置，从事劳动密集型的加工或组装环节，而新产品的研发、设计等关键环节则由发达国家的核心企业来进行。我国企业参与的生产环节不涉及整个产品的研发，不是产品生产更不是该产业的核心技术，对整个产品的开发和创新的能力没有得到提高。为了改变这种被动局面，我国企业紧随发达国家的企业制定的各种标准和发达国家新推出的法规，通过优化升级产品和工艺的方式来提升我国的出口竞争力，被动采取“动态引进技术”战略，频繁更新设备，引进设备的成本和沉淀成本都特别昂贵。

(6) 面临着被国外先进企业、国际大买家控制的风险。

以中国模具企业参与全球价值链分工为例，浙江临海的上千家模具企业参与了以日本企业为主导的全球价值链分工体系并得到了一定的技术转让。可当临海的模具企业技术水平得到一定的提升而试图进军模具全球价值链分工的高端环节时，不但遭到了日本企业严密的技术封锁、设计封锁，而且遭到了其市场、营销渠道的严密封锁，浙江临海的上千家模具企业一时难以摆脱被日本企业控制的窘境。类似的例子在中国并不罕见。

综上所述，六种“高度依赖”严重威胁着中国的国家经济安全和社会稳定，快速提升中国在全球价值链分工中的地位迫在眉睫。

5.2 全球价值链分工对中外贸易摩擦的影响

5.2.1 全球价值链分工对中外贸易摩擦的广度的影响

（1）发达国家是中外贸易摩擦的主要发起者。

目前，发达国家仍然是中外贸易摩擦的主要发起者。改革开放以来，特别是我国加入世界贸易组织以后，我国的对外贸易取得了飞速增长，同时，我国的贸易顺差始终居高不下，对发达国家的产业和就业造成了较大的冲击。发达国家为了维护本国的产业发展并缓解国内的就业压力，频频对我国产品设置各种贸易壁垒，发起贸易摩擦。发达国家不仅以反倾销、反补贴和特别保障措施等对我国具有比较优势出口领域的劳动密集型低端产品进行打压，与此同时，发达国家为了维持经济的长期增长，获取经济利益，保护和激励知识创新，防止技术扩散和溢出，保护高新技术等战略产业的成长和发展，争夺经济领域的主导权，确保和扩大现代服务业的优势等，对我国的高新技术产业产品的进出口、知识产权保护和技术转移，以及现代服务贸易行业的开放和市场准入问题等制造贸易争端，以对我国的比较劣势领域的产品进行打压，其主要形式为知识产权壁垒、技术性贸易壁垒和高技术产品出口限制等。因而，我国的比较劣势领域的出口产品也难逃发达国家的刁难。

（2）中国与发展中国家之间的贸易摩擦快速上升。

由于发展中国家等新兴经济体的比较优势产品与我国的出口产品具有同质性和竞争性，很多发展中国家把中国看作强劲的竞争对手，因而，我国与发展中国家特别是新兴经济体的贸易摩擦呈快速上升的态势，如印度、阿根廷、土耳其和巴西等国家。

以反倾销为例，根据世界贸易组织统计的数据，从 1995 年 1 月 1 日到 2012 年 6 月 30 日，共有 31 个国家和地区对我国发起 884 件反倾销调查，在这 31 个国家和地区当中，发达国家 8 个，发展中国家 19 个，转型经济体 4 个。其中，有 6 个发展中国家启动的反倾销调查数位列对华反倾销案件数的前 10 位，包括印度（150 起）、阿根廷（88 起）、土耳其（60 起）、巴西（55 起）、南非（35 起）、墨西哥（32 起），具体见表 5－9 和图 5－26。可见，目前中国处于前有发达国家“老虎”、后有新兴经济体“追兵”的国际贸易摩擦的严峻局势。

表 5－9　1995～2012 年 6 月 30 日对华反倾销立案国或地区分布情况

单位：起

对华反倾销立案国或地区	反倾销案件数
印度	150
美国	109
欧盟	109
阿根廷	88
土耳其	60
巴西	55
澳大利亚	35
南非	35
墨西哥	32
加拿大	29
哥伦比亚	28
韩国	23
秘鲁	21
印度尼西亚	16
埃及	15
泰国	14
巴基斯坦	11
其他国家	54

资料来源：WTO 反倾销报告：http：//www. wto. org/english/tratop_e/adp_e/adp_e. htm.

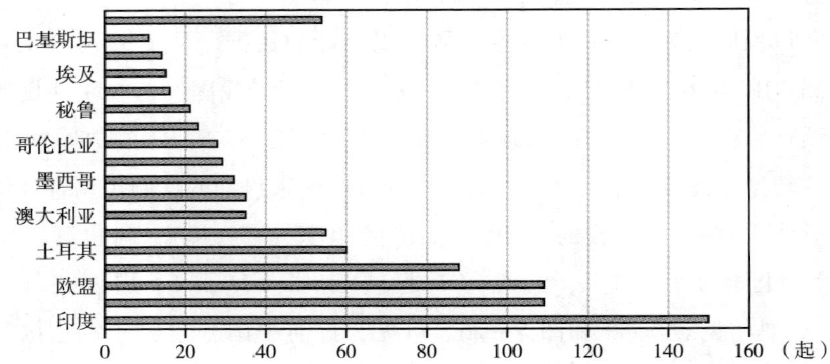

图 5－26　1995～2012 年 6 月 30 日对华反倾销立案国或地区分布情况

资料来源：WTO 反倾销数据库，http：//www. wto. org/english/tratop_e/adp_e/adp_e. htm.

（3）中外贸易摩擦的领域迅速扩展。

首先，中外贸易摩擦在快速地由货物贸易领域转向覆盖货物贸易、服务贸易的所有贸易领域。这主要是因为中国在全球价值链分工中的地位带来我国贸易结构不断优化升级，即我国的贸易结构正在由以货物贸易为主转向货物贸易与服务贸易并重，因而，中外贸易摩擦由货物贸易领域快速转向货物贸易与服务贸易领域的局面。

其次，中外贸易摩擦的焦点转向高附加值的产品。随着我国企业自主创新能力的加强和出口产品结构的优化，我国高附加值产品的出口数额不断增长。2012 年，我国出口机电产品 11794 亿美元，比上年增长 8.7%，出口高新技术产品 6012 亿美元，比上年增长 9.6%。[①] 我国出口产品所遭受的贸易摩擦也逐步从轻工、纺织等附加值较低的劳动密集型产品转移到部分附加值较高的资本密集型和技术密集型产品。例如，根据中国商务部的统计，截至 2012 年 4 月，美国与中国发生贸易摩擦的产品涉及镀锌钢丝、电池和光伏组件、钢瓶、钢轮、多层实木复合地板、钻探管、草甘膦、无缝管、编织电热毯、镁碳

① 资料来源：中华人民共和国 2012 年国民经济和社会发展统计公报［EB/OL］：http：//www. stats. gov. cn/tjgb/ndtjgb/t20130221_402874525. htm，2013－02－21.

砖、铜版纸、购物袋、铝型材以及磷酸钾盐等产品。① 2010 年 6 月 30 日，欧盟启动对华数据卡反倾销案的涉案金额达 41 亿美元，这是中国首例被列为反倾销调查的高科技信息产品。② 可见，中国与美国和欧盟等主要贸易伙伴的贸易摩擦的涉案产品仍集中于制造业领域的相关原料和工业初级制品，但是部分附加值较高的新兴领域产品也逐步卷入中外贸易摩擦之中。

5.2.2　全球价值链分工对中外贸易摩擦的深度的影响

（1）中外贸易摩擦的手段在不断升级。

国外对华产品实施反倾销、反补贴和保障措施等传统国际贸易摩擦手段仍受重视，如图 5－27 所示，1995～2012 年，国外对华发起的反倾销案件共 916 起，反补贴案件 62 起，保障措施 1 起，特别保障措施 32 起。与此同时，中外之间的技术标准、环境保护、人权问题等显性和隐性国际贸易摩擦愈演愈烈。据统计，2012 年我国有 23.9% 的出口企业受到技术性贸易壁垒的影响，致使我国全年出口贸易直接损失 685 亿美元，其直接损失额占同期出口额的 3.34%。[145] 根据国家质检总局的调查结果，2012 年我国有 2/3 以上的出口企业受到了国外技术性贸易壁垒的影响，1/3 以上的出口产品包括木材纸张、机电仪器、纺织品、化矿金属和农产品等五大行业受到国外技术性贸易壁垒的影响较大，每年造成的直接损失额约 200 亿美元。与此同时，为了制衡我国对外贸易的发展，美国等国家从未放弃以“环境保护”和“人权问题”为由对中国实行贸易制裁，并为其贸易保

---

① 资料来源：中国商务部网站：美国目前正在实施的对华贸易救济措施涉案产品一览表（更新至 2012 年 4 月 20 日）（EB/OL），http：//gpj. mofcom. gov. cn/article/zt_ mymcyd/subjectdd/201205/20120508104018. shtml，2012－05－08.

② 资料来源：中国商务部网站：2010 年欧盟对华贸易救济调查立案数量增多（EB/OL），http：//gpj. mofcom. gov. cn/article/zt_mymcyd/subjectdd/201101/20110107368114. shtml，2011－01－07.

护主义行为创造出新的托词，如维护“低碳经济”和“人类正义”等。

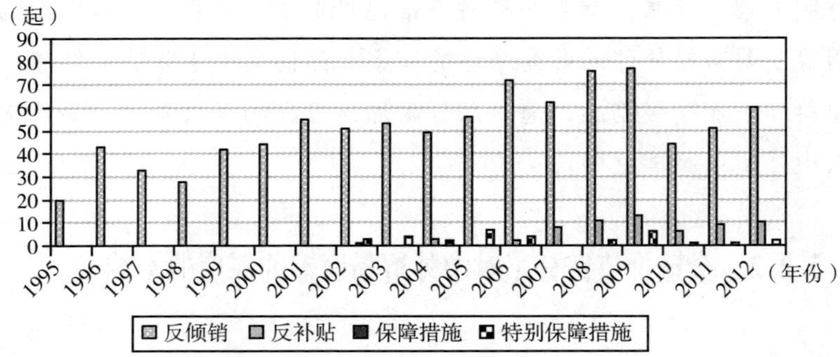

图 5-27　1995~2012 年中国遭受的贸易摩擦统计情况

资料来源：世贸组织资料。

(2) 中外贸易摩擦的焦点向整个产业扩散。

中外贸易摩擦的焦点开始从部分产业升级到对中国体制安排、经济运行机制和发展制度等层面，使我国面临着制度性摩擦，中外贸易摩擦集中于知识产权保护、环境标准、政策透明度、安全标准、劳工福利、税收政策、技术标准等问题，尤其是美国将其贸易逆差归因于人民币汇率问题，不断打压我国国内政策的控制空间，其实质也是贸易摩擦隐性化的一种表现。根据世界贸易组织的统计，截至 2012 年 6 月 30 日，我国遭受国外反补贴调查 57 起，其中美国对中国发起反补贴调查 32 起，涉及投资、税收、产业、贸易、国企改革、土地等中央和地方经济政策 150 多项，严重削弱了我国石化、钢铁、造纸、纺织等产业的海外竞争力，制约了我国经济政策的稳定性和持续性。[①] 反补贴调查不仅涉及企业，还影响到我国经济的各个领域。

(3) 中国成为知识产权摩擦的最大受害者。

进入 21 世纪以后，美国主要采取 337 调查的方式来打压我国外贸，

---

① 资料来源：世界贸易组织发布的数据：http：//www. wto. org/english/tratop_e/scm_e/scm_e. htm.

我国成为美国 337 调查的重要调查对象，调查案件数量不断增长。在我国加入世贸组织（WTO）以后，这一趋势更为明显。2002 年，美国 337 调查立案 17 起，其中涉华 5 起，占美国 337 调查总数的 29.41%；2003 年，美国 337 调查立案 18 起，涉华 8 起，占比 44.4%；2004 ~ 2012 年，美国 337 调查案件中的涉华案件比重分别为 38.46%、27.59%、39.39%、48.57%、26.83%、25.81%、33.93%、37.68% 和 45.00%（具体见表 5 - 10 和图 5 - 28）。

表 5 - 10　1972 ~ 2012 年美国对我国 337 调查数目及占比情况

单位：起，%

年　份	全球 337 调查数量	涉华 337 调查数量	中国占比
1972 ~ 1979	76	0	0
1980 ~ 1989	232	1	0.43
1990 ~ 1999	117	10	8.55
2000	17	3	17.65
2001	24	1	4.17
2002	17	5	29.41
2003	18	8	44.44
2004	26	10	38.46
2005	29	8	27.59
2006	33	13	39.39
2007	35	17	48.57
2008	41	11	26.83
2009	31	8	25.81
2010	56	19	33.93
2011	69	26	37.68
2012	40	18	45.00

资料来源：中国贸易救济信息网：http：//gpj. mofcom. gov. cn/article/cx/cp/，美国国际贸易委员会官网：http：//www. usitc. gov/press_room/337_stats. htm.

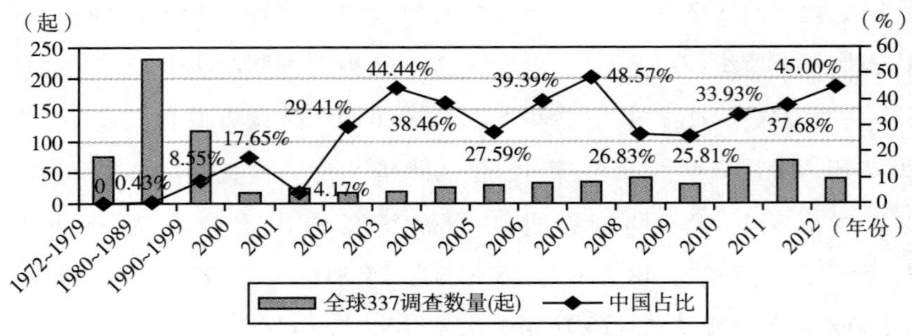

图 5-28　1972~2012 年美国对我国 337 调查数目及占比情况

资料来源：中国贸易救济信息网：http：//gpj. mofcom. gov. cn/article/cx/cp/，美国国际贸易委员会官网：http：//www. usitc. gov/press_room/337_stats. htm.

（4）中外贸易摩擦对中国经贸的影响越来越大。

中外贸易摩擦阻碍了我国实施市场多元化战略和我国企业的进一步发展，拉大了与发达国家之间的技术差距，对我国产业结构的调整和升级造成了不利影响，与此同时，给我国的经济发展带来了巨大损失。例如，2000 年欧盟禁止我国动物资源性产品进口，其涉及的贸易金额达到了 6023 亿美元，给我国相关的 94 家企业造成巨大经济损失，一些企业甚至因此而破产。2012 年，欧盟对中国光伏产品进行双反调查，2013 年 6 月 4 日，欧盟决定对中国光伏产品实施 11.8% 的临时反倾销税，两个月后税率升至 47.6%，中国损失达 3500 亿元。

5.3　全球价值链分工对中外贸易摩擦影响的实证分析

目前，国内外学术界对于中国在全球价值链分工中的地位对中国遭受到的贸易摩擦的影响还没有达成共识，并且对这个问题还没有形成系统的理论分析和实证检验，鉴于此，本书利用实证分析来论证中国在全球价值链分工中的地位是否对中国遭受到的贸易摩擦产生影响，并对此进行理论分析，这对于正确认识我国遭受贸易摩擦的真正原因并提出中国调整参与全球价值链分工并化解贸易摩擦的战略及策略具有重大意义。

5.3.1 变量选取、模型设定及数据说明

本书拟对上述重要命题进行实证检验，在进行计量分析之前，首先解释一下被解释变量和解释变量是如何选取的，从而对计量模型进行设定。

5.3.1.1 变量选取

（1）被解释变量的选取。在考虑把我国遭受的贸易摩擦作为被解释变量时，如何测度我国遭受的贸易摩擦是一个较大的难题。虽然贸易全球化和投资自由化已经是经济全球化发展的必然趋势，但是各个国家并没有明显减少对贸易的保护，而且各个国家为了更加隐蔽地对本国市场进行保护，会不断更新和出台各种新的贸易保护措施，其贸易保护的形式日益多样化、贸易保护的手段日益隐蔽化，使我们越来越难以鉴别某个国家的贸易政策措施是否属于贸易保护主义，更加难以鉴定由此引起的“问题”是否属于贸易摩擦问题。因而，似乎不大可能清晰地鉴定贸易摩擦特别是在计量研究中把所有的贸易摩擦尽可能地囊括进来。基于这一点，同时为了进一步用计量方法揭示本书所关注的重要命题，本书将中国遭受的贸易摩擦定义为中国遭受的反倾销、反补贴、贸易保障措施和特别保障措施，即考察年度全球各个国家对中国发起的反倾销、反补贴、贸易保障措施和特别保障措施调查数的总和（记为TD）。

（2）解释变量的选取。由于本书主要关注中国在全球价值链分工中的地位对中国遭受贸易摩擦的影响，因此，中国在全球价值链分

工中的地位是本书计量分析中纳入的关键解释变量。关于中国在全球价值链分工中的地位问题，一些学者的实证研究已经揭示，认为中国融入全球价值链分工导致中国出口贸易规模“爆炸式”增长，因而引发中国遭受到的贸易摩擦就越多。[146]关于中国在全球价值链分工中地位的测度方法，张雨和戴翔（2013）把中间产品进出口额占同期中国贸易总额的比重作为衡量中国在全球价值链分工中的地位的测度方法[147]，本书将借鉴这种测度方法，并将中国在全球价值链分工中的地位这一变量用VS表示。

（3）其他控制变量的选取。除了本书最为关注的中国在全球价值链分工中地位的变量以外，为了保证估计结果的稳健性，本书还在计量模型中纳入下列3个控制变量：流入中国的外国直接投资变量，用IFDI表示；人民币实际汇率（间接表示法，即1人民币折合美元），用RE表示；中国出口贸易国际市场占有率变量，用MS表示。之所以纳入上述3个控制变量，主要是基于如下考虑：第一，关于流入中国的外国直接投资变量。代中强（2008）认为外国直接投资是目前一些企业扩大市场份额、拓宽国外市场、获取高新技术以及提高企业竞争力的重要手段，跨国公司通过对中国进行直接投资，把劳动密集型产业转移到劳动力资源丰富的中国，同时把中国作为产品增值地和出口的平台，因而，对华进行直接投资的跨国公司希望母国能够和中国保持友好的贸易关系，因为一旦两国发生贸易摩擦，就会使跨国公司的利益受到损害。因而，跨国公司的利益集团会采取向母国游说等办法来尽最大可能地减少母国与中国之间的贸易摩擦。[148]因此，本书将流入中国的外国直接投资变量纳入模型当中，记为IFDI。第二，关于人民币实际汇率变量。人民币升值会导致中国出口产品的价格升高，从而使中国产品的价格竞争力下降，中国出口贸易规模就会随之减少，中国的外汇也会相应减少，这必然会刺激中国的海关市场的准入门槛，从而引发中国与外国之间的贸易摩擦。因此，人民币实际汇率在一定程度上可能对中国遭受的贸易摩擦产生影响，本书将人民币实际汇率作为控制变量纳入计量模型当中，记为 RE，并且用间接标价法来表示，即 1 人民币折合美元来表示，其计算公式为 $RE = E \times P^{*}/P$，其中，RE 为人民币实际汇率，E 为人民币名义汇率［1 人民币折合美元（平均数）］，P^{*} 为年度美国消费者价格指数，P 为年度中国消费者价格指数。第三，关于中国出口贸易国际市场占有率变量。一般而言，如果一个国家某种产品的出口贸易量达到一定的规模，并对相应的进口国的同种产品或者产业造成一定的威胁或者潜在的冲击，该进口国可能会对出口国采取贸易救济措施，从而引发两国之间的贸易摩擦。因而，本书纳入中国出口贸易国际市场占有率变量可以很好地说明中国出口贸易规模的变化引发中外贸易摩擦的可能性。张雨和戴翔（2013）将中国出口贸易额占当年全球出口贸易总额的比重作为测度中国出口贸易国际市场占有率变量的方法[147]，本书采用这一测度方法。

5.3.1.2　模型设定

本书把贸易摩擦的案件数量作为被解释变量时，发现该被解释变量是不小于零的整数，呈现出具有离散整数的特点，从统计上看，这样的计数变量不具备正态分布的特征，所以不适合使用普通最小二乘估计方法（OLS）来进行回归分析。本书认为这样的计数模型符合泊松分布的特征，因而，采用泊松模型进行回归分析，相应的估计模型设定为：

$$\ln E(TD_t) = \alpha_0 + \alpha_1 VS_t + \alpha_2 IFDI_t + \alpha_3 RE_t + \alpha_4 MS_t \qquad (5-1)$$

其中，下标 t 表示年度，E（TD）表示变量 TD 的期望值，其余变量的含义在前面已经进行过详细阐述，在此就不再赘述。

5.3.1.3　数据来源及说明

由于中国加入 WTO 之后遭受到的贸易摩擦日益加剧，同时考虑到数据的可获得性，本书将数据的样本期间设定为 2000 ~ 2012 年。

关于中国遭受到来自全球各个国家发起的反倾销、反补贴、贸易保障措施和特别保障措施的数据，是根据 WTO 发布的反倾销统计数据（Statistic on antidumping）、反补贴统计数据（Statistic on subsidies and countervailing measures）、贸易保障措施（Statistics on safeguard measures）以及世界银行发布的中国遭受的特别保障措施数据库（China-Specific Safeguards Database，CSGD）中的数据计算整理所得；有关中国在全球价值链分工中的地位这一指标变量测度过程中使用的中间产品贸易额和总贸易额来自 UN Comtrade 数据库中利用 BEC 统计分类下的数据；关于流入中国的外国直接投资变量的数据，是根据联合国贸发会议统计数据库（UNCTAD stat database）中的数据整理所得；关于人民币实际汇率的数据是根据国家统计局发布的年度人民币名义汇率数据以及 OECD 发布的中美两国的消费者物价指数计算整理所得；计算中国出口贸易国际市场占有率变量所使用的中国出口贸易数据和全球出口贸易数据，是根据联合国贸发会议统计数据库（UNCTAD stat database）中的数据计算整理所得。上述变量的统计性表述见表 5－11。

表 5－11 变量描述统计

变量	样本数量	均值	标准误	最小值	最大值
TD	13	65	15.33514	44	96
VS	13	0.4734988	0.0187871	0.4354088	0.4933614
IFDI	13	804.7877	294.9001	407.15	1239.85
RE	13	0.1347279	0.0131759	0.1179593	0.1541728
MS	13	0.0775243	0.0246403	0.0387361	0.1130956

5.3.2 实证结果及分析

为了保证估计结果的稳健性，本书采用泊松模型对计量模型（5－1）进行估计，其估计结果见表 5－12。

表 5－12　中国遭受贸易摩擦影响因素的泊松估计结果

变量	泊松估计结果
常数项	－8.755093（－2.61）
VS	14.82511**（3.00）
IFDI	－0.0010875*（－1.91）
RE	48.64402***（3.68）
MS	2.753479（0.47）
调整后 R^2	0.2544
LR 统计量	30.45
Pro（LR 统计量）	0.0000

注：*、**、*** 分别表示参数估计在 10%、5% 和 1% 水平上显著，参数估计后侧括号内的数值为 z 统计量。

在表 5－12 的估计结果中，中国在全球价值链分工中的地位（VS）这一指数变量的系数估计值为正且在 5% 的显著性水平上显著，说明中国在全球价值链分工中的地位对中国遭受到的国际贸易摩擦具有显著影响，因而，中国在全球价值链分工中的地位是导致中国遭受国际贸易摩擦增多的重要影响因素之一；流入中国的外国直接投资变量（IFDI）的系数估计值为负且至少在 10% 的显著性水平上显著，说明 IFDI 对中国遭受的国际贸易摩擦具有显著影响，跨国公司通过对中国进行直接投资把劳动密集型产业转移到中国，把中国作为产品增值地和出口的平台，促进中外双方贸易利益的增加，减少了跨国公司母国对中国发起贸易摩擦，因而，IFDI 的增加会减少中国遭受到的贸易摩擦；人民币实际汇率变量（RE）的系数估计值为正且至少在 1% 的显著性水平上显著，说明人民币汇率对中国贸易摩擦影响显著，人民币汇率的升值会使中国遭受的贸易摩擦随之增加，这是因为人民币汇率的升值会使中国出口产品的价格提升，中国出口产品的国际竞争力下降，因而，中国的出口减少。另外，人民币升值使跨国公司在华投资的成本增加，而周边国家或地区之间存在着激烈的引资竞争，所以中国外商直接投资的流入量会下降，而改革开放以来，中国吸引了大批跨国公司和外资企业的进入，这些公司生产的产品大部分用于出口，而且外商投资企业的出口份额占中国总出口额的比例持续迅速增加，人民币汇率的增加导致外商在华投资成本的增加，从而导致外国资金转移到中国的资本市场，对中国的“三资企业”资金投入造成很大影响，而“三资企业”是中国贸易的主要载体，在中国对外贸易中占有很大分量，因此，从这一角度上看，人民币汇率的升值也会导致中国出口量尤其是“三资企业”的出口量下降。如果中国的出口下降，外汇也会相应减少，对中国的出口型产业造成不利影响，这就会刺激中国提升海关市场的准入门槛，从而引发世界其他国家对中国发起贸易摩擦；中国出口贸易国际市场占有率变量（MS）的系数估计值并不显著，说明中国出口贸易国际市场占有率的增加，对我国遭受的贸易摩擦没有积极影响。

5.3.3 估计结果的进一步原因分析

长期以来，中国一直是遭受贸易摩擦最多的国家，本书的计量结果显示，中国在全球价值链分工中的地位是促使中国遭受国际贸易摩擦不断增加的重要原因。

自 20 世纪 90 年代以来，国际分工的形式发生了重要的变化，要素流动尤其是生产过程在全球的分离和资本要素流动日益普遍，同一价值链的不同生产环节或者工序根据要素密集特征被分配到具有不同要素禀赋的国家或者地区。国家或地区之间的分工形式表现为以资本、劳动力、技术、知识密集型工序和零部件为界限的生产分工，也就是说，同一件产品可以由多个国家共同生产，国际分工的界限已经从产品转移到要素。从本质上来讲，这种新型国际分工形式就是要素分工，要素分工形式可使生产过程在全球分离，从而降低了对一个国家资源和技术禀赋的要求，也就是说，如果一个国家在某种产品的某个生产环节上具有比较优势，就可以参与国际分工，从而产生比较优势的创造效应，而要素的全球流动进一步促进一国原来优势要素功能的发挥，从而产生比较优势的激发效应。因此，要素分工演变为各国参与国际分工，这为发展中国家参与国际分工提供了重要机遇。发展中国家在全球要素分工的环境中，可以引进资本、先进的技术等，并将其与本国低成本劳动力等初级要素结合起来，生产越来越多的资本密集型产品乃至技术密集型产品，提高本国国际竞争力。中国正是在这种背景之下，抓住了国际产业资本重组和转移的重大机遇，融入全球价值链分工的体系当中，利用国外先进的生产技术、资金等生产要素，并将其与中国充裕且低廉的劳动力要素相结合，实现了制造业的迅猛发展，同时也成为“世界工厂”和出口平台，这是促使中国对外贸易迅速增加的根本原因。然而，随着中国出口贸易的迅猛发展，中国的出口市场也从发达国家扩展至发展中国家，相应的，中国遭受的贸易摩擦的广度也随之扩展，从发达国家蔓延至发展中国家；随着中国企业自主创新能力的加强和出口产品结构的优化，中国高附加值产品的出口数额不断增长并与发达国家形成竞争甚至构成威胁，相应的，中国遭受的贸易摩擦的深度也随之深化，中国出口产品所遭受的贸易摩擦也逐步从轻工、纺织等附加值较低的劳动密集型产品转移到部分附加值较高的资本密集型和技术密集型产品。因此，中国在全球价值链分工中的地位导致中国遭受的贸易摩擦的广度不断扩大、深度不断增加是一个必然的发展过程。

第6章　中国调整参与全球价值链分工并化解贸易摩擦的策略

国际贸易摩擦日益增加已经成为我国发展对外关系和继续实施开放战略的重大障碍，制约着我国国际产业分工地位的提升和开放型经济的优化升级。从源头上摆脱国际贸易摩擦困扰的根本出路就是加快国内产业的优化升级，最终实现对全球价值链中高端环节的控制。

6.1 内部策略

6.1.1 从战略层面上推动中国开放型经济转型升级的步伐

从战略层面上推动中国开放型经济转型升级的步伐，其实质就是要从我国开放型经济转型升级的战略需要出发，进行科学的顶层设计，创新对内对外的开放模式，促进国内外要素的有序自由流动、资源高效配置、市场深度融合，完善互利共赢、多元平衡、安全高效的开放型经济体系，快速、全面地提高中国开放型经济的水平，加快培育参与和引领国际经济合作竞争新优势，以适应经济全球化新形势，提高抵御国际经济风险能力。

首先，优化进出口的贸易结构，尤其是提升出口产品的知识、技术等高级要素密集度，促进产业结构升级和协调发展。要实现中国出口产业的转型升级，把“政策激励型”转化为“产品竞争型”，构建开放型经济的现代产业体系，即以高附加值、高科技含量、低污染、低能耗、有自主创新能力的出口优势产业为核心，以人才、技术和资本信息等高效运作的出口产业创新要素为支持，以基础设施完善、环境优美、市场秩序良好、社会保障有力的出口产业创新要素为支撑，具有创新性、开放性、集聚性、融合性和可持续性等特征的现代产业体系。同时，实现加工贸易的转型升级。完善加工贸易政策，提高加工深度和产业层次，增强国内配套能力以达到国内产业升级的目的。制定积极的战略规划来推动加工贸易升级，提升产品质量和技术水平，延长加工的产业链条。优化现有产业的空间布局，设立若干个相关行业的转型升级实验区，推行重点区域重点行业的转型升级。出台新兴出口优势产业的发展规划及实施方案，界定新兴出口优势产业指导目录，优化新兴出口优势产业的空间布局，鼓励民营资本和 FDI 进入新兴出口优势产业，创造具有国际竞争力的新兴产业集群。同时，引导企业进口国外的关键设备和先进技术，促进产业升级、提升产业技术水平来增强国内产业的国际竞争力和自主创新能力，政府加大力度出台鼓励进口的相关政策制度，完善鼓励进口的政策体系。

其次，提高外资利用质量，通过利用外资这一重要生产要素的质量提升来推动开放型经济的集约式发展。一是要进一步扩大开放领域，推动证券、金融、电信、保险等行业的对外开放；二是要推动外商投资产业结构的优化和升级，统筹承接国际产业转移和国内产业结构升级，限制低水平、高污染和高耗能的外资项目进入；三是要创新利用外资的方式，引导外资企业和内资企业采用多种合作形式，提高内资企业的自主创新能力和企业管理水平；四是要加快内地开放、深化沿海开发，引导外商投资东北和中西部地区等老工业基地，促进“东北振兴”“中部崛起”“西部大开发”三大战略的实施，完善内外联动，充分发挥外资推动区域协调发展方面的作用；五是提高利用国外贷款的效益和质量，支持资源节约、农业发展、基础设施建设和生态环境保护，加大对卫生、教育等社会发展项目的支持。

最后，坚持双边、多边区域和次区域开放合作相结合，以自由贸易区战略为依托来深化和扩大与更多国家和地区的经济合作，改变对外部市场依赖过度集中的情况。推动和周边国家的互联互通，向最不发达的国家提供减免关税的待遇。深化和新兴国家即发展中国家的合作，实现错位竞争、优势互补，维护共同利益。创新和发达国家之间的合作模式，完善合作机制，加强政策协调，拓展合作领域，加深开放互信。积极支持多边贸易体制，坚持世贸组织推动全球贸易投资便利化、自由化的主渠道地位，推动多哈回合谈判。反对任何形式的贸易保护主义，高举自由贸易大旗，消除和减少贸易投资壁垒，加强和主要经济体的合作与协调，建立共赢、均衡和关注发展的多边经贸体制。提高广大企业和各级政府了解、掌握、运用多边贸易规则的能力，维护开放利益。积极参与全球经济治理并参与国际经贸规则的制定，应建立有利的制度环境。加快实施自由贸易区战略，提高自由贸易区开放水平，深化中韩、中日韩、上海合作组织、中国与东盟、亚太经济合作组织、金砖国家、大图们倡议、中亚等次区域合作。

6.1.2 实现内外需市场协调均衡发展，弱化贸易摩擦

要加快推动中国产品的营销市场转向，实现内外需市场协调均衡发展，提高内需市场的比重来解决外需市场压力过大的问题，从而弱化国际贸易顺差和贸易摩擦。

推动内外需市场的协调均衡发展，需要加快转变外贸的发展方式，既要进一步提高我国的动态比较优势，又要发挥我国现有的比较优势，同时营造新的竞争优势，从而实现我国对外贸易均衡协调可持续发展。协调外贸发展主要有以下几个方面：一是出口和进口协调发展，促进贸易平衡；二是货物贸易和服务贸易协调发展，提升规模效益；三是外贸和外资、外经协调发展，增强互动作用；四是外贸和内贸协调发展，实现有效互补；五是多种所有制主体协调发展，发挥各自优势；六是东部和中西部协调发展，实现共同发展。[149]促进外贸协调发展对打造我国贸易强国地位、巩固我国贸易大国地位，缓解当前中国在世界市场上被打压的危机，减少贸易摩擦具有重要作用和意义。

促进贸易的协调发展，要在不威胁国内产业安全的前提条件下通过规范出口、扩大进口的方式来实现。规范和清理出口的措施，完善加工贸易产业市场准入制度，加强行业协会的监管，完善贸易摩擦预警机制，规范出口秩序，打击国内企业低价倾销、恶性竞争的出口。

针对因为价值链分工中不同价值链环节的对外贸易地理方向问题所引起的中国贸易顺差，要进行理论解释和实证分析，在理论和实践中推动价值链分工的统计方法创新，建立合理的统计制度和原产地规则。同时，制定和实施有效的鼓励进口政策，如进口贴息、进口关税、进口融资担保和进口信贷等政策，加强进口促进体系的建设。有重点组织专项进口，尤其是增加从逆差比较多的国家和地区的进口，控制和重点国家贸易顺差的过快增加。采取协商等手段，推动发达国家特别是美国放宽对我国高技术的出口管制，适应国内产业升级和国内结构调整的需要，改善进口结构，扩大先进医疗设备、关键零部件和节能环保领域的进口。

长期以来，我国对外贸易形成了“大进大出”的市场格局，与国际市场的联系程度远远超过国内市场，其中，我国珠三角的“代工产业”更有“飞地经济”之称，这种情况对我国制造业的稳定发展和优化升级十分不利。如果要改善上述状况，缓解和减少国际贸易摩擦，必须坚持“内需为本”的原则，减少对外部市场的依赖，因而，开拓国内市场和开展内销业务是我国加工制造产业转型升级的一项重要内容。为此，把扩大外向型企业内销作为重点和核心，推动外向型企业开拓内需市场，支持、鼓励和引导企业开展内销业务，扩大产品的内销比重，提高内需市场份额。鼓励外向型企业建立国内市场流通体系和营销网络，支持其参加国内展销会、展览会，创立适销对路的内销品牌。充分协调好国税、海关、外管和检验检疫的职能部门，解决加工贸易企业在内销和料件转内销各环节出现的实际问题，推动加工贸易。

6.1.3　全面加强企业、行会、政府应对贸易摩擦的能力建设

密切关注新贸易保护主义的发展趋势，完善国际贸易摩擦的应对机制，妥善处理和贸易伙伴的关系，正确运用贸易规则处理贸易摩擦

问题，积极发展中介机构，加强企业、行会和政府应对贸易摩擦的能力和水平。

一是要完善贸易摩擦应对工作机制。在对外方面，要因国而异，增进交流，拓展双边贸易救济合作机制，化解贸易摩擦；在对内方面，要进一步完善企业、商会、协会、地方商务主管部门和商务部的“四体联动”机制，发挥企业主动应诉的作用和协会（商会）的协调组织功能，提升政府的对外交涉和宏观指导作用，推动建立以商务部带头、相关部委参与的部级协调机制。

二是要完善贸易摩擦信息收集和预警机制。完善预警机制，推进拓展政府获取可靠信息的渠道，通过外国政府网站、商务部驻外经商处等官方渠道以及国外媒体、国内外商会等民间渠道，建立稳定可靠的贸易摩擦信息收集机制。不断完善专项预警、重点产品预警和趋势预警，及时向企业通报贸易摩擦的信息。加快建设地方和商务部两级协调配合的产业安全数据库，在电子、服装、纺织、汽车、钢铁和化工等重点产业领域，建立完善的进口商品预警机制，保护我国重点产业的安全。

三是要培育参与全球治理的专业人才队伍。实施国家级人才工程，培育专业技术人才，加强国际队伍建设。从微观角度来看，应对国外贸易救济调查是一项专业性、法律性和政策性非常强的工作；从宏观角度来看，参与全球治理和主动制定国际规则需要国际化人才。所以根据全球治理的要求以及行业特点和国别状况进行针对性的培训，培育外语水平高、专业能力强、政治素质好的国际谈判人才以及熟悉国际贸易摩擦处理和WTO规则的专业人才，形成一支覆盖企业、中介组织、行业协会和政府管理部门的专业人才队伍为对外经贸健康发展提供人才支撑势在必行。

四是加强商会、协会等中介能力建设。在应对国际贸易摩擦的过程中，要发挥和加强包括律师事务所、商会、协会等的职能，提升中介组织的法律地位，确定其法定的能力和权限，积极组织企业更好地加强企业自律和应对国际贸易摩擦，促进企业的规范贸易；利用中介组织来解决企业间出口竞相压价、损人害己、恶性竞争、损害国家利益等顽症。

五是提高贸易摩擦的应急处理能力。从我国出现国际贸易摩擦的特点出发，提前做好贸易摩擦的应急处理预案，尤其是针对那些涉案企业众多、出口规模巨大、对我国产业和经济影响重大的贸易摩擦事件，及时有效地成立贸易摩擦危机处理小组，迅速形成贸易摩擦处理能力。

六是积极研究国际贸易摩擦的反制措施。针对我国的产业结构的特点，加强力度研究进口产品对国内产业发展的影响，尤其要关注来自频频发起贸易摩擦国家进口的影响研究，同时要根据企业的要求，及时向国家提出贸易救济调查申请，增强对贸易摩擦发起国的反制力度。

6.1.4　提升运用多边贸易体制解决贸易摩擦的水平

首先，举办宣讲会、培训班和发放贸易摩擦法律手册等方式加快在企业中普及贸易救济调查和 WTO 规则的相关法律知识，让涉外企业全面深入了解反倾销、反补贴、337 调查等国际贸易诉讼案件的危害后果、处理方式、应诉渠道和申诉渠道，培育企业利用国际贸易法和国际法等维护自身合法权益的意识。

其次，支持涉案企业积极主动应诉。采取有力措施鼓励和支持企业进行应诉，特别是反倾销应诉。加大贸易救济的支持力度，协调行业商（协）会等中介组织，支持企业依法参与反补贴、反倾销和保障措施的应诉和申诉工作，维护企业的合法权益。支持企业政府进出口公平贸易工作机构在案件应对工作中提供应诉方案选择、应诉协调和法律程序研究等专业服务。

最后，加强政策措施的合规性审查。建立外经贸和产业政策的合规性审查制度，推动国内各级政府出台的外经贸和产业政策措施与WTO制度和原则接轨，确保和贸易相关的规范性文件的一致性和合规性，避免反补贴调查，有效防范贸易风险。

6.2 外部策略

6.2.1 积极推动市场“多元化”战略，分散贸易摩擦的结构性风险

积极适应全球经贸格局的变化趋势[①]，努力维系美国、日本、欧盟等传统市场的基础之上，加大力度开拓东盟、拉美、南亚、非洲、中东等新兴市场，重构“丝绸之路”开启沿边开放新格局，通过推动出口市场结构多元化来分散贸易摩擦的结构性风险。

首先，要重点开拓东盟市场。充分利用“中国—东盟”自由贸易区全面建成的重大历史机遇，大力开拓与东盟国家之间的贸易往来，尤其注重在初级产品、中间产品、电子产品、机械设备、服务领域等方面的贸易，既有利于弥补我国在资源能源等领域的短板，又可以有效发挥我国的产业优势。

其次，积极关注拉美市场。以巴西、墨西哥、智利、阿根廷为主的拉美国家，近年来其市场规模不断扩大，经济发展迅速，并且资源丰富，因此要积极抢占拉美国家的市场，重点发展与巴西、墨西哥和阿根廷等潜力较大地区的双边贸易关系，分享地区经济的增长红利。

再次，要不断开发非洲、南亚、中东和中亚市场。这些地区具备三个明显特点：一是基础设施需求非常大；二是资源能源类产品异常

① 随着全球新兴经济体的不断崛起，以及“去美国化”趋势的不断增强，世界市场“多极化”趋向越来越明显。面对外需市场变化的新形势，我国过度偏重欧美传统市场的观念和做法，已滞后于现实需要。

丰富；三是轻工业产品市场非常广阔。而我国在基础设施建设和轻工制造业领域的实力较强，但资源能源比较稀缺，因此双方之间的互补性非常强，拥有巨大的贸易发展潜力。

最后，建设“丝绸之路经济带”，倡议用创新合作的模式重构丝绸之路经济带，开启沿边开放新格局。通过实现经济政策沟通、道路联通、贸易畅通、货币流通、民心相通这“五通”来促进中国与中亚国家的能源合作、开启货币合作、促进贸易投资便利化等，从而提振各国经济发展，为地区安全注入“内生动力”，打开中国和中亚之间对外交往的新窗口，最终辐射南欧和东欧，形成联动发展的网络。同时，“铺就面向东盟的海上丝绸之路”，把中国和东南亚国家的临海港口城市贯穿起来，通过海上互联互通、海洋经济合作以及港口城市合作机制等途径，形成海上“丝绸之路经济带”，以广西为核心，建设并完善与东盟的合作平台，提升中国与东盟自由贸易区的合作层次，加强我国参与国际经济合作和竞争的能力，打造中国与东盟合作的“钻石十年”。

6.2.2　大力实施价值链升级工程，快速提升在分工中的地位，掌握贸易摩擦的主动权

大力推进产业价值链升级，改变我国企业处于全球价值链环节中的加工组装环节的劣势地位，鼓励企业逐步成为全球价值链环节中的高端环节的主导者和全球价值链治理结构的领导者，快速提高我国在全球价值链分工中的地位，掌握贸易摩擦的主动权，才是解决我国贸易摩擦问题的治本之策。

第一，工艺流程升级，努力提升生产制造水平。与改革开放初期相比，目前我国制造业的生产工艺水平有较大幅度的提高，但是与先进国家和地区相比，我国制造业的生产工艺水平仍与之存在技术差距。因此，对我国企业所处的加工制造生产环节进行工艺流程升级，

以实现向微笑曲线两端位置延伸的目的。工艺流程升级，是为了提高生产效率、降低产品成本、稳定产品质量等目的，通过提升产业价值链中某环节的生产加工工艺水平和效益。采用先进技术和高端设备对传统生产工艺流程进行整合、改造和提升是我国制造企业工艺流程升级的一个重要途径，其实现路径主要有两个：一是充分利用现代信息技术，把现代信息技术渗透到产品的制造和设计之中，以提升生产制造工艺的现代化水平；二是鼓励企业进行技术更新改造，支持企业引进先进技术和设备，提高企业的生产技术水平。

第二，产业结构升级，鼓励制造高新技术产品。目前，我国除了苏州、深圳等城市，国内企业大部分从事传统产品的生产制造，高新技术产品的出口比重比较低。对此，进一步改善产业结构的一个重要手段就是要有意识地引导产业资本向高新技术产业领域渗透。进行产业结构升级的路径主要有三个：一是打造支持产品结构升级的平台，鼓励企业建立研发中心、设计中心、技术中心和工程实验室，提高企业的产品升级能力；二是运用差异化的产业政策引导企业撤离技术层次较低的产业领域，转而投入较高层次的产业领域；三是鼓励战略性新兴产业的发展，支持在生物技术、信息技术、新材料新能源和节能技术、航空航天技术以及资源和环境技术等产业的发展。

第三，集聚配套升级，提高中间品的生产能力，即提高我国产业对企业所需中间品的配套生产能力。当前，国内企业的加工组装环节大部分都是低端零部件的配套生产，跨国公司的母公司仍然控制着关键零部件和关键材料的配套，因此我国企业仍需要从国外大规模进口关键零部件和关键材料的配套，如 IC。因此，注意培养前后关联产业的零部件配套能力，通过中间产品的进口替代，延长国内产业链条，形成产业集聚。此外，还要大力改造提升国产中间品产业，为投资中间品生产的企业制定优惠政策，扶持企业加大人力资本投入，引进先进技术，增加对国产零部件企业的研发投入，提高国产零部件的质量和技术含量，努力达到国际同类产品的标准，为进口零部件和国产零部件创造公平竞争的外部环境。

第四，功能结构升级，支持拓展生产服务环节。即积极发展生产性服务业，把我国拥有廉价劳动力成本的比较优势转变为技术支撑优势和综合服务环境优势，为企业优化升级提供生产性服务支撑，以实现延伸产业价值链的目标。鼓励企业增加和延伸生产性服务功能，鼓励企业从加工制造环节向产品的研发、设计和营销领域延伸，支持企业拓展生产性服务领域。

第五，增量结构升级，鼓励承接高端产业转移。我国在改革开放的前 30 年的产业发展模式具有典型的粗放式增长特征，承接了许多污染性、消耗性和资源性的“两高一资”型产业，加剧了经济发展和生态环境之间的矛盾。因此，我国现阶段要吸取经验教训，依托和利用现有的产业基础，吸引跨国公司把更大增值含量、高技术水平的研发机构和制造环节转移到我国。鼓励境外投资产业等产业领域，如生物制药、集成电路和装备制造等高新技术产业和战略性新兴产业，优化外商投资的产业流向，用增量来带动流量。与此同时，面对服务外包的迅速发展，鼓励外商在我国投资设立服务外包基地，承接发达国家和地区服务领域的外包和加工业务。

第六，生产方式转化，由物耗型加工转向清洁化生产。首先，要积极主动应对发达国家推行实施的碳关税措施，制定我国在碳关税领域中的法规和对策，加快我国排碳立法的工作步伐。其次，要在进出口贸易领域主动采取措施，限制高碳产品的发展。近几年我国采取的一系列措施在一定程度上限制了高排放、高耗能和资源性产品的出口，提高了工业企业的准入门槛，例如，把部分商品列入加工贸易禁止类目录等，把环保、用工、耗能和设备水平等指标纳入审核范围。

但是，从我国当前的制造业发展现状来看，还存在一些技术含量低、设备和工艺落后的企业，导致资源和能源消耗的高速增长以及中国对外部资源和能源依赖程度的加深，“世界工厂”的工业垃圾集中排放在我国，使我国的环境更为恶化。因此，要根据科学发展的要求，推动我国企业由粗放的物耗型加工转化为集约的清洁化生产型，要坚持“减量化、再利用、资源化”原则，令经济活动输入端的资源和能源消耗水平明显降低，输出端的废弃物多次回收利用和多级资源化，以减少废弃物和污染排放，实现生产和消费过程中资源利用的再循环，提高资源利用率。鼓励企业对生产设备进行技术改造，推行环保工程，进行清洁生产，实现生产过程的低排放、低消耗和高循环。

6.2.3 鼓励企业实施“走出去”战略，培育全球价值链分工的主导者，分散贸易摩擦的风险

培育国内企业的跨国经营能力，全面提升我国企业的跨国指数，鼓励具有竞争优势的国内企业积极“走出去”，通过转移国内过剩的生产能力，控制国外生产加工环节，收购国外的品牌、技术等，带动我国向掌控研发、技术和管理环节的总部基地转变，从根本上降低国际贸易摩擦影响。因而，实施“走出去”战略是中国企业融入全球价值链必不可少的战略，也是提高中国企业在全球价值链中分工地位的关键一步。

一是要培育全球价值链主导者。培育若干一大批我国本土的中小型跨国公司和我国本土的世界顶级跨国公司，提升在全球价值链中的主导性，形成集群式跨国经营模式，从全球价值链升级的组织者角度实现重大突破，打造一批全球价值链的领导者和治理者，增加我国在全球价值链的影响力。

二是要支持本土企业创建“国际品牌”。引导本土企业加大创建大品牌的力度，加快组建境外营销网络。支持有实力的企业注册和营销自由品牌，设立境外贸易公司，改变依赖中间商获取渠道订单的被动地位，控制品牌、渠道等全球价值链的高端环节。

三是要支持企业进行全球资源布局。引导技术密集型企业利用国

外先进的智力、科技资源，设立境外研发基地和测试中心，提高企业集成创新的能力；鼓励有实力的企业利用多年积累的跨国资本实力和经营经验，通过并购、新建、联盟等多种投资方式，获取境外能源、资源、人才、技术等稀缺要素。

四是要支持企业参与并主导国际标准制定权。支持企业积极参与国际行业标准制定（半导体、电子电工、新材料、新能源等）和国际标准组织（国际电工委员会、国际标准化组织和国际电信联盟等），重点支持国际标准组织成员的个人和机构，鼓励其在国际标准制定方面发挥积极作用，推动我国占据知识产权制高点，减少 337 调查类的贸易摩擦。

五是支持本地企业投资新兴市场。鼓励中小民营企业抱团出海共享境外联络机构或营销渠道的战略资源，巩固境外生产经营基地，转移贸易摩擦的高发环节；支持在技术和设备等方面有较强优势的企业通过参股、控股和新建的方式开展境外加工贸易，在新兴市场建立境外生产基地，转移本地过剩的生产能力。

参 考 文 献

[1] Vanek, J. Variable Factor Proportions: Inter-Industry Flows in the Theory of International Trade [J]. Quarterly Journal of Economics, 1963 (77): 129 - 142.

[2] James R. Markusen, James R. Melvin Trade, Factor Prices and the Gains from Trade with Increasing Returns to Scale The Canadian [J]. Journal of Economics/Revue canadienne d'Economique, 1981, 14 (3): 450 - 469.

[3] Robert D, Warne. Factor Intensity and the Heckscher-Ohlin Theorem in a Three-Factor, Three-Good Model [J]. The Canadian Journal of Economics/Revue canadienne d'Economique, 1973, 8 (6): 369 - 375.

[4] Balassa. Trade Liberalization and Revealed Comparative Advantage [J]. Manchester School of Economics and Social Studies, 1965 (66): 99 - 123.

[5] Bhagwati, J., Srinivasan, T. N.. Smuggling and Trade Policy [J]. Journal of Public Economics, 1973, 2 (4): 377 - 389.

[6] Finger, J. M.. Tariff Provision for Offshore Assembly and the Exports of Developing Contries [J]. The Econoyic Journal, 1975 (85): 365 - 371.

[7] Dixit A. K., Grossman Gene M. Trade and Protection with Multistage Production [J]. The Review of Economic Studies, 1982, 49 (4): 583 - 594.

[8] Bhagwati J. , Dehejia, V. H. Freer Trade and Wages of Unskilled-Is Marx Striking Again? in J. and M. Bhagwati H. Kosters, eds. , Trade and Wages: Leveling wages Down? [M]. The American Enterprise Institute Press: Washington, D. C. , 1994: 36 –75.

[9] Krugman, Pual. Growing World Trade: Causes and Consequences [J]. Brookins Paper on Economic Activity, 1995: 327 –362.

[10] Feenstra Robert C. Integration of Trade and Disintegration of Production in the Global Economy [J]. Journal of Economic Perspective, 1998, 12 (4): 31 –50.

[11] Leamer, E. E. In Search of Stolper-Samuelson Effects on U. S. Wages [OB/EL]. http: //www. nber. org/papers/w5427, 1996 –1.

[12] Jones, Ronald W. , Kierzkowski, Henry. The Role of Services in Production and International Trade: An Theoretical Framework [J]. The Political Economy of International Trade, 1990: 31 –48.

[13] Arndt, Sven W. , Kierzkowski, Henryk. Fragmentation: New Production Patterns in the World Economy [M]. Oxford University Press, 2001.

[14] Deardorff, Alan V. Fragmentation across Cones. In Arndt, Sven W. &Kierzkowski, Henryk (ed.), Fragmentation: New Production Patterns in the World Economy [M]. London: Oxford University Press, 2001.

[15] Hummels, D. , Rapoport, D. , Yi, K. Vertical Specification and the Changing Nature of World Trade [J]. Federal Reserve Bank of New York Economic Policy Review, 1998 (4): 79 –99.

[16] Hummels David, Ishii Jun, Yi, Kei-Mu. The Nature and Growth of Vertical Specialization in World Trade [J]. Journal of International Economics, 2001 (1): 75 –96.

[17] Yi, Kei-Mu. Can Vertical Specialization Explain the Growth of

World Trade? [J]. Journal of Political Economy, Oxford University Press, 2003, 111 (1): 52 - 102.

[18] Gordan Hanson, Mataloni R. J., Slaughter, Matthew J. Vertical Production Networks in Multinational Firms [OB/EL]. NBER Working Paper 9723. 2003. 5. No. W9723. 233, http://www.nber.org/papers/w9723.pdf.

[19] Grossman Gene M., Helpman, Elhanan. Outsourcing in the Global Economy [OB/EL]. NBER Working Paper, Review of Economic Studies, 2005, 72 (1): 135 - 159.

[20] Gene M. Grossman & Elhanan Helpman, Party Discipline and Pork-Barrel Politics [R]. Harvard Institute of Economic Research Working Papers, 2005: 2075.

[21] Melitz J. The Impact of Trade on Intra - Industry Reallocations and Aggregate Industry Productivity [J]. Econometrica, 2003 (71): 1695 - 1725.

[22] Antràs, Pol. Firms, Contracts, and Trade Structure [J]. Quarterly Journal of Economics, 2003 (118): 1374 - 1418.

[23] Samuelson Paul A. Where Ricardo and Mill Rebut and Confirm Arguments of Mainstream Economists Supporting Globalization [J]. Journal of Economic Perspectives, 2004 (18): 135 - 146.

[24] Bhagwati., J. N., Panagariya, A., Srinivasan T. N. The Muddles Over Outsourcing [J]. Journal of Economic Perspectives, 2004 (18): 93 - 114.

[25] 刘志彪. 垂直专业化：经济全球化中的贸易和生产模式 [J]. 经济理论与经济管理, 2001 (10): 5.

[26] 赵文丁. 新型国际分工格局下中国制造业的比较优势 [J]. 中国工业经济, 2003 (8): 32.

[27] 卢峰. 产品内国际分工：一个分析框架 [R]. 北京大学

中国经济研究中心，2004（5）：2.

[28] 田文. 产品内贸易的定义、计量及比较分析［J］. 财贸经济，2005（5）：77.

[29] 庄尚文. 网络经济下国际分工的演化及其经济机理研究［J］. 国际贸易问题，2005（10）：24.

[30] 曹福明，李树民. 全球价值链分工：从国家比较优势到世界比较优势［J］. 世界经济研究，2006（11）：11.

[31] 金芳. 产品内国际分工及其三维分析［J］. 世界经济研究，2006（6）：4.

[32] 卢峰. 产品内国际分工：一个分析框架［R］. 北京大学中国经济研究中心，2004（5）：2.

[33] 平新乔. 产业内贸易理论与中美贸易关系［J］. 国际经济评论，2005（5）13.

[34] 张小蒂，孙景蔚. 基于垂直专业化分工的中国产业国际竞争力分析［J］. 世界经济，2006（5）：12.

[35] 王缉慈，童昕. 全球价值链中的地方产业集群——以东莞的“商圈”现象为例［J］. 地域研究与开发，2003（1）：36.

[36] 姜继娇，杨乃定. 基于 Multi-agent 的区域产业集群模块化升级研究［J］. 产业经济研究，2004（3）：28.

[37] 刘曙光，杨华. 关于全球价值链与区域产业升级的研究综述［J］. 中国海洋大学学报，2004（5）：24.

[38] 张向阳，朱有为. 外商企业技术创新能力的区域差异分析［J］. 软科学，2005（2）：109.

[39] 曾铮，张亚斌. 价值链的经济学分析及其政策借鉴［J］. 中国工业经济，2005（5）：104.

[40] 胡军. 珠三角 OEM 企业持续成长的路径选择——基于全球价值链外包体系的视角［J］. 中国工业经济，2005（8）：42.

[41] 裴长洪. 在国际分工中提高中国的竞争力［J］. 中国与世

界经济（英文版），2004（2）：79.

［42］文娉，曾刚．嵌入全球价值链的地方产业集群发展——地方建筑陶瓷产业集群研究［J］．中国工业经济，2004（6）：36.

［43］张辉．全球价值链下地方产业集群升级模式研究［J］．中国工业经济，2005（9）：11.

［44］段文娟，聂鸣，张雄．价值链治理对发展中国家地方产业集群升级的影响研究——以巴西西诺斯谷鞋业集群为例［J］．软科学，2006（2）：31.

［45］卢峰．产品内国际分工：一个分析框架［R］．北京大学中国经济研究中心，2004（5）：5.

［46］张二震，方勇．国际贸易和国际投资相互关系的理论研究述评［J］．南京大学学报，2004（5）：95.

［47］曹明福，李树民．全球价值链分工的利益来源：比较优势、规模优势和价格倾斜优势［J］．中国工业经济，2005（10）：20.

［48］Arndt，Sven W. Globalization and the Open Economyp［J］. The North American Journal of Economics and Finance，1997，8（1）：71－79.

［49］高敬峰．国外产品内分工理论研究综述［J］．经济纵横，2007（4）：85.

［50］高敬峰．国外产品内分工理论研究综述［J］．经济纵横，2007（4）：85.

［51］Kaplinsky，Raphael，Morris，Mike. A Handbook of Value Chain Research［R］. Prepared for IDRC，2001：25－40.

［52］张二震，马野青，方勇等．贸易投资一体化与中国的战略［M］．北京：人民出版社，2004：15.

［53］Gereffi. G. A Commodity Chains Framework for Analyzing Global Industries［M］. Durham：Duke University. 1999：72.

［54］Kaplinsky R. Gloablization and Unequalisation. What Can Be

Learned from Value Chain Analysis [J]. Journal of Development Studies, 2000.

[55] Humphrey, J. and Schmitz, H. Governance and Upgrading: Linking Industrial Cluster and Global Value Chain Research [R]. IDS Working Paper, 2000: 120.

[56] 曾铮，张亚斌. 价值链的经济学分析及其政策借鉴 [J]. 中国工业经济，2005 (5): 105.

[57] 刘志彪，张杰. 全球代工体系下发展中国家俘获型网络的形成、突破与对策——基于 GVC 与 NVC 的比较视角 [J]. 中国工业经济，2007 (5): 39.

[58] Porter ME. The Competitive Advantage [M]. New York: Free Press, 1985.

[59] Kaplinsky R, Morris M. A Handbook for Value Chain Research [R]. Prepared for IDRC, 2001: 25 - 40.

[60] Samuelson Paul A. Where Ricardo and Mill Rebut and Confirm Arguments of Mainstream Economists Supporting Globalization [J]. Journal of Economic Perspectives, 2004, 18: 135 - 146.

[61] 赵放，冯晓玲. 从内部经济失衡和产业转移看中美贸易失衡 [J]. 世界经济与政治论坛，2006 (3): 17.

[62] 蒲华林，张捷. 产品内分工与中美结构性贸易顺差 [J]. 世界经济研究，2007 (2): 29.

[63] 蓝庆新. 产业国际转移视角下的中美贸易摩擦研究 [J]. 国际经济合作，2007 (8): 58.

[64] 张二震，马野青. 我国贸易顺差的成因分析及对策建议 [J]. 江苏行政学院学报，2010 (2): 50.

[65] Bown, Chad P., RachelMcCulloch. U. S. Trade Police Toward China: Discrimination and Its Implications [R]. Working Paper, 2005 (6).

[66] 吴韧强，刘海云．垄断竞争、利益集团与贸易战 [J]．经济学（季刊），2009 (3)：729.

[67] 余永定．见证失衡——双顺差、人民币汇率和美元陷阱 [J]．国际经济评论，2010 (3)：7.

[68] 蒲华林，张捷．产品内国际分工与中国获取的价值——基于零部件进出口的分析 [J]．财贸研究，2012 (1)：70.

[69] 张云，李湘黔，廖进中．基于产品内分工的中国出口贸易扩张实证分析 [J]．财经理论与实践，2007 (6)：100.

[70] Porter ME. The Competitive Advantage [M]. New York: Free Press, 1985: 25 -29.

[71] 张旭波．公司行为与竞争优势——评迈克尔·波特的价值链理论 [J]．国际经贸探索，1997 (3)：35.

[72] 陈柳钦．有关全球价值链理论的研究综述 [J]．南都学坛（人文社会科学学报），2009 (5)：110.

[73] 杨林．虚拟价值链：价值链研究的新发展 [J]．哈尔滨学院学报，2002 (11)：51 -52.

[74] J F Rayport, John J Sviokla. Exploiting the Virtual Value Chain [J]. Harvard Business Review, 1995 (7 -12): 75 -99.

[75] 张孟才，楚金华．虚拟价值链理论刍议 [J]．沈阳农业大学学报（社会科学版），2004 (12)：355 -356.

[76] Adam Brandenburger, Barry Nalebuff. Co-Opetition: A Revolution Mindset That Combines Competition and Cooperation: The Game Theory Strategy That's Changing the Game of Business [M]. Doubleday Publication Pre, 1996 (6).

[77] [美] 斯莱沃斯基著，凌晓东译．发现利润区 [M]．北京：中信出版社，2007：24.

[78] [美] 大卫·波维特，约瑟夫·玛撒，R. 柯克·克雷默著．仲伟俊，钟德强，胡汉辉译．价值网——打破供应链，挖掘潜利

润［M］. 北京：人民邮电出版社，2001：45－50.

［79］Prabakar Kathandaraman，David T Wilson. The future of Competition-Value-Creating Networks［J］. Industrial Marketing Management，2001（30）：12.

［80］Suzanne Berger，Constanze Kurz，Timothy Sturgeon，Ulrich Voskamp，Volker Wittke. Globalization，Production Networks，and National Models of Capitalism——On the Possibilities of New Productive Systems and Institutional Diversity in an Enlarging Europe［J］. SOFI-Mitteilungen，2001（29）：59.

［81］蒋琰. 基于关系的资源配置：企业价值网络［J］. 预测，2005（2）：52－55.

［82］吴海平，宣国良. 价值网络的本质及其竞争优势［J］. 经济管理，2002（24）：11－17.

［83］周煊. 跨国公司价值网络与竞争优势——基于客户让渡价值的群体竞争［M］. 北京：中国经济出版社，2005：5－6.

［84］Edited by M. Ebers. Explaining Inter-Organizational Network Formation［M］. The Formation of Inter-Organizational Networks，Oxford University Press，1997：53－56.

［85］Gomes-Casseres，B.. Group versus group：How alliance networks compete［J］. Harvard Business Review，1994，72（4）：62－74.

［86］Gomes-Casseres，B.. Group versus group：How alliance networks compete［J］. Harvard Business Review，1994，72（4）：62－74.

［87］UNIDO's industrial development 2002/2003［R］. Vienna，2002：107－116.

［88］张辉. 全球价值链理论与我国产业发展研究［J］. 中国工业经济，2004（5）：40.

［89］Gereffi G. Global Production Systems and Third World Development［M］. Cambridge University Press，2002.

［90］Humphrey J, Schmitz H. Governance in global value chains［A］. Local Enterprises in the Global Economy: Issues of Governance and Upgrading. 2003, 32（3）: 19－29.

［91］Gereffi G, Humphrey J, Kaplinsky R, Sturgeon T. Introduction: globalization, value chains and development［R］. IDS Bulletin, www. ids. ac. uk, 2001（32）: 1－8.

［92］周习．全球价值链治理模式的比较分析［J］．上海商学院学报，2011（2）：46.

［93］Kreps. David. G. Theory and Economic Modeling［M］. Oxford University Press, 1990: 2.

［94］姚海鑫．经济政策的博弈论分析［M］．北京：经济管理出版社，2001：3.

［95］侯经川．基于博弈论的国家竞争力评价体系研究［M］．北京：北京图书馆出版社，2005：97.

［96］王文举．博弈论应用与经济学发展［M］．北京：首都经济贸易大学出版社，2003：6.

［97］Smith, MJ. The Theory of Games and the Evolution of Animal Conflicts［J］. Journal of Theoretical Biology, 1973（47）: 209－221.

［98］David Kreps and R. Wilson. Reputation and Imperfect Information［J］. Journal of Economic Theory, 1982（27）: 253－179.

［99］张维迎．博弈论与信息经济学［M］．上海：上海三联书店，1996：11.

［100］［瑞典］乔根·W. 威布尔，王永钦译．演化博弈论［M］．上海：上海三联书店，2006：56.

［101］侯经川．基于博弈论的国家竞争力评价体系研究［M］．北京图书馆出版社，2005：110.

［102］波特．竞争优势（中译本）［M］．北京：中国财政经济出版社，1988：35－55.

[103] Kogut, B. Designing Global Strategies: Comparative and Competitive Value—added Chains [J]. Sloan Management Review, 1985 (26): 4.

[104] Raphael Kaplinsky and Mike Morris. A Handbook for Value Chain Research [R]. IDRC, 2002.

[105] Gereffi, G.. The Organization of Buyer-Driven Global Commodity Chains: How U. S. Retailers Shape Overseas Production Networks [M]. Duke University Program in Political Economy, 1996: 36.

[106] UNIDO's industrial development 2002/2003 [R]. Vienna, 2002: 107 - 116.

[107] 马克思，恩格斯. 马克思恩格斯选集（第1卷）[M]. 北京：人民出版社，1995：16.

[108] 马克思，恩格斯. 马克思恩格斯选集（第1卷）[M]. 北京：人民出版社，1972：494 - 495.

[109] 张桂梅. 价值链分工下发展中国家贸易利益研究 [D]. 辽宁大学，2011：27.

[110] 本刊编辑部. 全球价值链：促进发展的投资和贸易——解读《2013年世界投资报告》[J]. 国际经济合作，2013 (7)：4.

[111] 卢峰. 产品内分工：一个分析框架 [R]. 北京大学中国经济研究中心，2004 (5)：5.

[112] Alan Greenspan, Thomas M. Hoenig. Global Economic Integration: Opportunities and Challenges [M]. Books for Business , 2001: 384.

[113] 华民，孙峰. 经济全球化的成因、特征、效应与中国的应对 [J]. 复旦学报（社会科学版），2000 (5)：2.

[114] UNCTAD. Development and Globalization: Facts and figures [M]. United Nations Publications, 2004 (1): 71.

[115] 本刊编辑部. 全球价值链：促进发展的投资和贸易——

解读《2013年世界投资报告》[J]. 国际经济合作, 2013 (7): 8.

[116] 海闻, 赵达. 国际生产与贸易格局的新变化 [J]. 国际经济评论, 2007 (1-2): 12.

[117] 范文芳. 全球价值链分工的特征及其对中国的启示 [J]. 长安大学学报, 2008 (3): 60.

[118] 刘志彪. 经济国际化的模式与中国企业国际化的战略选择 [J]. 经济理论与经济管理, 2004 (8): 11-17.

[119] 朱有为, 张向阳. 价值链模块化、国际分工与制造业升级 [J]. 国际贸易问题, 2005 (9): 99.

[120] 蒋亚杰. 台湾代工企业品牌升级问题研究 [J]. 世界经济与政治论坛, 2009 (2): 85.

[121] 曹明福, 李树民. 全球价值链分工: 从国家比较优势到世界比较优势 [J]. 世界经济研究, 2006 (11): 15.

[122] 郎咸平, 渝京. 郎咸平新论: 工商链条时代的产业整合 [J]. 新财经, 2009 (2): 26.

[123] 韩晶. 租金、收益与产业升级——对全球价值链下收益分配不均问题的思考 [J]. 财经问题研究, 2008 (10): 44.

[124] 覃主元等. 战后东南亚经济史 (1945—2005年) [M]. 北京: 民族出版社, 2007: 59.

[125] 墨西哥加工贸易的现状与未来 [J]. 世界机电经贸信息. 2001 (5): 53.

[126] Kankesu Jay Jayanthakumaran. Benefit-Cost Appraisals of Export Processing Zones: A Survey of the Literature [J]. Development Policy Review, 2003, 21 (1): 51-66.

[127] 盛毅. 西方发达国家"产业空心化"质疑 [J]. 世界经济研究, 2003 (4): 9.

[128] 李东阳. 对外直接投资与国内产业空心化 [J]. 财经问题研究, 2000 (1): 29.

[129] 黄烨菁. 经济发展的全球观 [M]. 上海: 上海远东出版社, 2003: 109 .

[130] 卢根鑫. 国际产业转移论 [M]. 上海: 人民出版社, 1997: 25.

[131] 王允贵. 贸易条件持续恶化——中国粗放型进出口贸易模式亟待改变 [J]. 国际贸易, 2004 (6): 14 - 16.

[132] 贾怀勤. 中美贸易平衡问题综论 [M]. 北京: 对外经济贸易大学出版社, 2004: 63 - 64.

[133] 裴长洪. 我国对外贸易发展: 挑战、机遇与对策 [J]. 经济研究, 2005 (9): 103 - 112.

[134] 易雪玲. 我国加工贸易“贫困化增长”效应分析 [J]. 湖南师范大学社会科学学报, 2007 (4): 108.

[135] 许莎雯. 经济全球化与国家产业安全 [J]. 中国乡镇企业, 2010 (12): 75.

[136] 赵学清, 陈冠怜. WTO 后过渡期的对外贸易摩擦及应对措施 [J]. 重庆大学学报 (社会科学版), 2008 (1): 90.

[137] 徐清海. 现阶段中国面临的世界经济摩擦原因分析及战略应对 [J]. 经济界, 2008 (3): 80.

[138] 潘悦. 国际产业转移的四次浪潮及其影响 [J]. 现代国际关系, 2006 (4): 23.

[139] 赵瑾. 日美贸易摩擦的历史演变及其在经济全球化下的特点 [J]. 世界经济, 2002 (2): 50.

[140] 任国明. 美国与东亚贸易摩擦及其走向 [J]. 特区经济, 1992 (10): 53.

[141] 赵学清, 陈冠伶. WTO 后过渡期的对外贸易摩擦及应对措施 [J]. 重庆大学学报 (社会科学版), 2008 (1): 90.

[142] 李丽. 全球技术性贸易壁垒发展的新特点、趋势及对我国的启示 [J]. WTO 经济导刊, 2013 (2 - 3): 120.

[143] Francoise LEMOINE, Deniz KESENCLAL. China in the International Segmentation of Production Processes [R]. CEPII Working Paper, 2002 (2): 526.

[144] BASKER E, VAN PH. Import 'R' Us Retail Chinas as Platfroms for Developing-Country Imports [J]. American Economic Review Papers and Proceedings, 2010, 100 (2): 414-418.

[145] 陈忠，肖怡文. 技术性贸易壁垒的抑制效应及对产品出口的影响——以福建省为例 [J]. 长沙理工大学学报（社会科学版），2014 (2): 86.

[146] 刘志彪. 中国贸易量增长与本土产业的升级——基于全球价值链的治理视角 [J]. 学术月刊，2009 (2): 80-86.

[147] 张雨，戴翔. 出口产品升级和市场多元化能够缓解我国贸易摩擦吗 [J]. 世界经济研究，2013 (6): 73-79.

[148] 代中强. 中国企业对外直接投资动因研究——基于省际面板数据的分析 [J]. 山西财经大学学报，2008 (11): 29-35.

[149] 钟山. 坚定不移地加快外贸发展方式转变 [J]. 求是，2010 (16): 29.